Parfois ingérables, toujours brillants

Éditions Eyrolles
61, bd Saint-Germain
75240 Paris Cedex 05
www.editions-eyrolles.com

Mise en pages : Sandrine Escobar

ISBN : 978-2-212-57277-3

Sandrine Rampont

Parfois ingérables, toujours brillants

Repérer, manager et fidéliser les hauts potentiels

SOMMAIRE

PRÉFACE

En lisant cet ouvrage, j'ai été touché par le cri d'alerte de son auteur.

Les hauts potentiels, qui développent depuis l'enfance de grandes capacités d'adaptation pour se conformer aux règles sociales et vivre harmonieusement avec les autres, sont une vraie chance pour l'entreprise qui sait tirer parti de leurs forces et prend conscience de leurs vulnérabilités.

Quel gâchis d'assécher de telles personnalités, qui peuvent être de puissants moteurs de performance et d'intelligence collectives. Quelle tristesse de voir comment il est possible de les détruire en les forçant à se limiter ou en les poussant à la sur-adaptation…

Quelle est la différence entre un homme intelligent et un homme brillant ? C'est à Antoine Pinay – l'un des rares Premiers ministres français à ne pas avoir demandé à l'être – d'y répondre de manière limpide : en France nous avons beaucoup de gens très intelligents. Un homme brillant est certes très intelligent mais il a en plus... du bon sens.

J'aurai aimé lire cet ouvrage plus tôt. Il m'a ouvert les yeux sur ces décalages dans la vitesse, la manière de raisonner, la façon de communiquer des hauts potentiels, me rappelant les comportements de certains dirigeants qui m'ont managé ou que j'ai eu à manager dans ma carrière. Il m'a aussi permis de mieux comprendre les réactions de plusieurs proches à haut potentiel, qui peinent à déployer leurs ailes dans un monde qui les empêche d'exister.

Ce livre explique leurs mécanismes de fonctionnement pour que celles et ceux qui interagissent avec des hauts potentiels puissent les « décoder », améliorer les interactions avec eux et en faire bénéficier l'entreprise. En ce sens, ce livre répond très bien à ce besoin de prise de conscience.

Il propose ensuite des actions pour rendre les entreprises à la fois humaines et performantes, en faire des écosystèmes ouverts, inclusifs, dans lesquels les actions se font par et pour les collaborateurs.

Enfin, cet ouvrage est un appel à tous les hauts potentiels pour qu'ils n'attendent pas d'être compris mais prennent la place qu'ils méritent dans l'entreprise, deviennent acteurs de pratiques managériales vertueuses et encouragent tous les autres collaborateurs à l'être aussi.

Une bien belle mission pour tous les managers de contribuer à tailler chaque « diamant brut » qui leur est confié, afin que chacun puisse briller de toutes ses facettes tout en gardant l'éclat de sa singularité !

Gilles Poirieux
Ancien DG filiales et zones du groupe Sodexo
Président du réseau de dirigeants EVH (Vers une entreprise vivante par et pour des femmes et des hommes vivants)

CE QUI A DÉCLENCHÉ L'ÉCRITURE DE CE LIVRE

Stop ! C'est le cri de mon corps qui m'a permis de quitter l'entreprise. Celle dans laquelle je m'étais investie pendant onze ans et que j'avais fait grandir. Elle était en train de me détruire.

Tout cela à cause d'un changement de gouvernance qui a provoqué une cascade d'impacts dans laquelle nous – les managers associés – avons été entraînés.

Pour moi, tout a basculé. Mon périmètre a doublé mais j'ai régressé. Je suis entrée à toute berzingue dans un tunnel sans fin. Les activités que je dirigeais auraient dû décroître. Pourtant, je les ai développées. En mode « pilotage automatique », je me suis coupée de mes émotions pour délivrer la performance attendue avec les moyens disponibles. Devenue une machine à créer du résultat, je travaillais jour et nuit. Je n'apprenais plus rien et me sentais à la fois submergée et sous-utilisée.

Malgré une prise de conscience croissante que ma situation était devenue inacceptable, il m'a fallu trois ans pour partir. J'ai réussi quand j'ai compris que, à la place où j'étais, je ne pouvais pas inverser le processus de destruction collective enclenché.

Comment est-il possible d'en arriver là ?

À 3 ans, je savais lire, écrire et compter. Ma scolarité a été marquée par de l'ennui, mais aussi du plaisir. Cela dépendait de l'ambiance et, surtout, de la compétence des enseignants.

Bien qu'en tête de classe, les environnements compétitifs m'ont souvent fait fuir. Dans ma classe préparatoire aux grandes écoles de commerce, beaucoup rêvaient d'intégrer HEC. Pas moi.

Ne supportant pas de me sentir « formatée », j'ai choisi une école dans la région que j'aimais.

Mon diplôme en poche, une PME m'a attirée. Exigeante et agile. Un formidable terrain d'apprentissage. Nous étions autonomes, libres de nous organiser, stimulés intellectuellement et humainement. Quand l'entreprise a été vendue à un grand groupe international, j'en ai pris la direction, à 27 ans pour poursuivre ensuite mon évolution, portée par un Comex[1] et une équipe extraordinaires. Nous étions créatifs, travaillions beaucoup, dans la joie et la bonne humeur. Les résultats étaient exceptionnels et pourtant personne ne se prenait au sérieux.

Bien qu'intégrée dans le programme de développement des hauts potentiels du groupe, je l'ai quitté au bout de sept ans car je n'évoluais pas au rythme qui me convenait.

J'ai alors rejoint une ETI[2] française sous LBO[3]. Au contact de son président, il m'a fallu mettre de côté une partie de mes convictions pour avancer. Le jeu en valait néanmoins la chandelle : les équipes étaient talentueuses, mes missions stimulantes et variées, le rythme était rapide, j'appréciais son esprit entrepreneurial. Là-bas, je me suis développée seule, en m'efforçant de donner à mes équipes des occasions de grandir tout en délivrant les résultats attendus. Jusqu'à ce que je me retrouve dans une configuration où ce n'était plus possible.

C'est un sentiment de décalage qui m'a fait prendre conscience de ma « différence ».

La vie en entreprise n'est pas toujours facile pour ceux qui comprennent, décident et agissent beaucoup plus rapidement que les autres. Ceux qui performent le plus. Le regard des autres juge, envie, condamne. Sans arrêt. Il les contraint à réussir. Alors les hauts potentiels s'adaptent à la pression,

1. Comex : comité exécutif.
2. ETI : entreprise de taille intermédiaire. C'est une entreprise qui compte entre 250 et 4 999 salariés, soit un chiffre d'affaires n'excédant pas 1,5 milliard d'euros et un total de bilan n'excédant pas 2 milliards d'euros.
3. LBO : *Leverage Buy Out* ou rachat avec effet de levier, est un montage financier permettant le rachat d'une entreprise par le biais d'une société holding qui recourt à l'emprunt pour acquérir la société en question.

même quand elle est déraisonnable, ou alors ils se limitent, pensant se protéger.

C'est ainsi qu'ils se retrouvent victimes d'un système dans lequel tout devient permis, au titre des objectifs, y compris les dérives managériales et les « jeux » pervers.

En ce qui me concerne, j'ai commis l'erreur de me sur-adapter à un environnement dans lequel je n'étais vraiment plus à ma place. Cela m'a permis de comprendre comment l'entreprise réussit à détruire les « ressources » dont elle a besoin pour assurer son avenir. Ce livre propose une réflexion pour la réconcilier avec tous ses talents.

La performance peut s'obtenir autrement.

Introduction

LE MANAGEMENT DES HAUTS POTENTIELS, UN ENJEU ESSENTIEL

Par réflexe naturel, les individus cherchent à maîtriser leur environnement pour assurer leur survie et leur développement. Cela les amène à élaborer de puissants systèmes de coopération sociale.

Pendant la révolution industrielle, l'entreprise a mis en place une organisation scientifique du travail et inventé le management pour optimiser la productivité. Quelques décennies plus tard, le constat que l'être humain perdait en motivation et en efficacité à trop exécuter des tâches décomposées et vides de sens a fait entrer la psychologie dans les pratiques managériales, pour rendre les salariés heureux et performants au travail.

Aujourd'hui, la révolution technologique accélère le rythme des transformations. L'imprévisible devient la norme. Si l'avenir a pu se construire en analysant le passé, cela ne suffit plus. Inventer le futur passe par le fait de comprendre la complexité et celui d'innover pour s'adapter. Cela amène l'intelligence globale – logique, sociale et émotionnelle – à peser davantage que les connaissances ou l'expertise lorsqu'il s'agit d'assurer la compétitivité d'une organisation.

Repérer les personnes qui possèdent une ou plusieurs formes d'intelligence à un niveau extrême et coopérer avec elles s'avère alors essentiel. Les experts les appellent des hauts potentiels intellectuels (HPI) ou, plus simplement, des hauts potentiels (HP). Pour l'entreprise, ce terme désigne les jeunes cadres performants et ambitieux, généralement diplômés de grandes écoles, qu'elle veut attirer, engager et préparer à prendre ses postes clés. Le haut potentiel dont il est ici question peut en faire partie, mais ce n'est pas toujours le cas. Celui de ce livre, c'est celui qui aurait pu être qualifié, enfant, d'intellectuellement précoce et qui a grandi. Haut potentiel dans l'entreprise, il l'est aussi dans sa vie personnelle. Il fonctionne différemment des autres. Identifié par un test scientifique, il est placé dans la catégorie des hauts potentiels si son quotient intellectuel se situe dans la tranche supérieure à 130. Au-delà de 145, il entre dans la classe des très hauts potentiels (THPI). Les compétences évaluées par ce test ne suffisent pas pour bien fonctionner dans l'entreprise. Le haut potentiel intellectuel n'est efficace au travail que s'il bénéficie d'un niveau d'intelligence émotionnelle suffisant pour bien coopérer avec les autres. Or c'est souvent sur ce point que le bât peut blesser.

J'ai choisi de traiter du management des hauts potentiels et des très hauts potentiels définis par les tests, avec un focus sur ceux qui s'intègrent facilement et réussissent, les *super achievers* (super performants) : ceux qui pensent et agissent vite, ont une grande capacité de travail et génèrent le plus de résultats. Des personnes qui semblent invulnérables mais dont les performances extrêmes et caractéristiques particulières peuvent faire obstacle à leur progression dans une organisation. Et les exposer à de sérieux problèmes.

Certains employeurs abusent de ces individus qui relèvent tous les défis sans réclamer ni reconnaissance ni soutien. La pression qu'ils leur imposent pour repousser les limites du possible les épuise et peut les conduire à perdre ce qui fait leur force. Pour les autres, décoder leurs attitudes est indispensable pour s'appuyer pleinement sur leurs talents.

Mon ambition est de décrypter les comportements des hauts potentiels au travail pour aider ceux qui les côtoient à bien fonctionner avec et générer ainsi de l'intelligence globale et de la performance collective. Je propose également des pistes pour les repérer, les recruter, les accompagner dans leur développement et les fidéliser.

Alors que les employeurs essaient de les séduire, ces anciens « premiers de la classe » rechignent désormais à rejoindre une organisation susceptible de les brider. Ils préfèrent créer leur start-up et s'investir dans un projet qui a du sens. S'ils entrent dans une entreprise traditionnelle, c'est souvent le temps d'acquérir une expérience exploitable pour autre chose.

S'il s'appuie en partie sur des travaux de chercheurs en neurosciences et psychologues, ce livre est avant tout un ouvrage de management, issu de vingt-cinq années d'expérience de direction générale d'entreprises et d'observation des pratiques managériales. Nourri des témoignages de trente hauts et très hauts potentiels[1] et de leurs managers, DRH et dirigeants, il présente les parcours professionnels de femmes et d'hommes, âgés de 25 à 62 ans, issus de milieux sociaux et d'organisations variés. La moitié d'entre eux a quitté l'entreprise faute d'avoir réussi à trouver sa place mais après avoir vécu des expériences mémorables.

Par ailleurs, mes propos se fondent aussi sur des publications de référence sur les hauts potentiels, les neurosciences et le management[2]. Ce focus sur les personnes possédant des compétences hors normes se veut être un guide pour quiconque souhaite tirer parti de l'intégralité de son capital humain. Chaque individu apporte des talents uniques à son organisation. Si certains les ont développés avant de commencer leur vie professionnelle, d'autres n'ont jamais été mis en condition de le faire. L'entreprise peut alors les y aider, les ignorer, sinon les briser.

Les termes de dirigeant, manager, patron, haut potentiel sont utilisés au masculin dans son sens neutre. Ils désignent bien évidemment autant les femmes que les hommes.

---

1. Interviews réalisées entre octobre 2018 et mars 2019 auprès de 30 professionnels (membres de Mensa, parents d'enfants précoces, managers et équipes de personnes à haut potentiel). Les premiers devaient résumer leurs parcours scolaires et professionnels, détailler le contexte dans lequel ils avaient été les plus performants au travail et celui qui les avait limités ou fait souffrir. Les managers et équipes de personnes à haut potentiel devaient décrire ce qui les avait marqués dans la relation avec leurs collaborateurs HP ainsi que leur ressenti face à leurs comportements spécifiques.
2. Le détail des publications figure dans la bibliographie.

Partie I

HAUT POTENTIEL ET ENTREPRISE

Pour le meilleur ou pour le pire

Le haut potentiel laisse rarement indifférent. Il intrigue, fascine ou dérange. Ses interactions avec les autres peuvent être simples ou très complexes.

Les chercheurs, psychologues et autres experts – dont les opinions ne sont pas toujours homogènes – essaient de le nommer. Leur imagination, fertile, a produit : précoce, surdoué, haut potentiel intellectuel, haut potentiel émotionnel, haut potentiel tout court, haut quotient intellectuel, surefficient mental, atypique, multi potentiel, philo-cognitif, émotif talentueux…

Il arrive même qu'on lui attribue un nom d'animal, le zèbre qui, au contraire de son cousin le cheval, ne se laisse pas domestiquer et dont les rayures effraient les insectes nocifs qui volent autour de lui et, par ce biais, l'en protègent. C'est dire comme il semble difficile de le considérer comme un être humain comme les autres.

Aussi, pour s'intégrer, la plupart des hauts potentiels se cachent, s'adaptent, se limitent jusqu'à passer parfois à côté de leur nature profonde. D'autres ignoreront toute leur vie leur condition de haut potentiel, tant les stéréotypes autour de ce concept en donnent une image éloignée de ce que cela signifie vraiment, et pourront souffrir de leur décalage, faute de le comprendre.

La relation avec les systèmes normés est un challenge : cela commence à l'école et se poursuit dans l'entreprise. Elle peut être harmonieuse ou impossible. Si peu d'entreprises affichent ouvertement leur besoin de profils possédant les caractéristiques des hauts potentiels, ils sont utiles dans toutes les organisations. Et ce d'autant plus aujourd'hui car, pour répondre aux défis économiques, technologiques et concurrentiels, il est dangereux de ne pas intégrer les collaborateurs qui possèdent l'agilité nécessaire pour accompagner la transformation des business et organisations. Néanmoins, le management de collaborateurs hors normes peut s'avérer compliqué et parfois effrayer.

Cette première partie décrypte l'expression du haut potentiel dans l'entreprise et propose des éléments sur lesquels s'appuyer pour construire avec eux une relation efficace.

Chapitre 1

LA VALEUR AJOUTÉE DU HAUT POTENTIEL DANS L'ENTREPRISE

« On ne résout pas un problème avec les modes de pensée qui l'ont engendré. »

ALBERT EINSTEIN

En finir avec les stéréotypes liés aux « surdoués »

Le haut potentiel n'est pas forcément le petit bonhomme à lunettes qui résout à 5 ans l'équation $E=MC^2$. Il n'est pas toujours bon en mathématiques. Ce n'est pas forcément un génie, ni un garçon. Il peut être timide et même parfois sembler stupide. Physiquement, rien ne le distingue des autres, même s'il aborde souvent un style vestimentaire légèrement décalé.

À l'âge adulte, il n'est pas nécessairement diplômé d'institutions prestigieuses. Il n'est pas « condamné » à découvrir la théorie de l'évolution des espèces, à collectionner les prix Nobel ou à devenir président de la République à 40 ans. Tous les hauts potentiels ne créent pas des Microsoft, Apple, Tesla, Facebook ou Amazon. Si c'était le cas, le monde serait bien différent. Personne ne choisit d'être un haut potentiel. On naît comme cela et, dans ce cas, il s'agit de composer avec ses caractéristiques hors normes toute sa vie. En plus, ce serait, en partie, héréditaire.

Le cerveau surefficient est-il vraiment différent ?

La science analyse aujourd'hui quelques paramètres de cette hyper intelligence pour comprendre sa construction, sans pour autant pouvoir tout expliquer, avec une question latente : est-ce que la surdouance se transmet ?

Les recherches menées par des équipes pluridisciplinaires[1], désormais facilitées par le développement des IRM (imageries par résonance magnétique) permettent de déterminer des spécificités neuroanatomiques et de localiser des activations cérébrales particulières chez la majorité des hauts potentiels. Les études effectuées sur une population représentative montrent que certaines zones de leur cerveau sont globalement plus volumineuses. Un réseau de connexions bien individualisées a été identifié chez ceux qui obtiennent de très bons résultats aux tests d'intelligence et permet de déduire que c'est

1. John Duncan *et al.*, « A Neural Basis for General Intelligence », *Science*, vol. 289, n° 5478, juillet 2000, p. 457-460. https://doi.org/10.1126/science.289.5478.457.
Richard J. Haier *et al.*, « Individual differences in general intelligence correlate with brain function during nonreasoning tasks », *Elsevier Science*, *Intelligence*, volume 31, n° 5, septembre–octobre 2003, p. 429-441.
Kun Ho Lee et al., « Neural correlates of superior intelligence: Stronger recruitment of posterior parietal cortex », NeuroImage, vol. 29, n° 2, janvier 2006, p. 578-586. https://doi.org/10.1016/j.neuroimage.2005.07.036
P. Shaw *et al.*, « Intellectual ability and cortical development in children and adolescents », *Nature*, n° 440, 2006, p. 676-679.
Rex E. Jung et Richard J. Haier, « The Parieto-Frontal Integration Theory (P-FIT) of intelligence: Converging neuroimaging evidence », *Behavioral and Brain Sciences*, vol. 30, n° 2, avril 2007, p. 135-154. https://doi.org/10.1017/S0140525X07001185
Ming Song *et al.*, « Brain spontaneous functional connectivity and intelligence », *NeuroImage*, vol. 41, n° 3, 2008, p. 11681176. https://doi.org/10.1016/j.neuroimage.2008.02.036
Yonghui Li et al., « Brain Anatomical Network and Intelligence », PLOS Computational Biology, mai 2009. https://doi.org/10.1371/journal.pcbi.1000395
Jonathan D. Clayden *et al.*, « Normative Development of White Matter Tracts: Similarities and Differences in Relation to Age, Gender, and Intelligence », *Cerebral Cortex*, vol. 22, n° 8, août 2012, p. 1738-1747. https://doi.org/10.1093/cercor/bhr243
Francisco J. Navas-Sánchez *et al.*, « White matter microstructure correlates of mathematical giftedness and intelligence quotient », *Human Brain Mapping*, vol. 35, n° 6, septembre 2013, p. 2619-2631. https://doi.org/10.1002/hbm.22355

dans la rapidité et l'efficacité des connexions entre les neurones que se niche la performance intellectuelle. Le cerveau du haut potentiel irait donc plus vite, serait plus global et connecté.

Cette hyper connectivité impliquerait qu'il filtre peu ce qu'il reçoit et traite toutes les informations qui lui parviennent avec la même importance, que ce soit la principale ou les annexes. Cela expliquerait qu'il y ait plus de finesse dans sa perception de la réalité. Des hypothèses ont été formulées sur une corrélation entre l'hyper sensibilité des hauts potentiels et une vulnérabilité de l'amygdale[1] – structure cérébrale impliquée dans le traitement des émotions – ainsi qu'entre leur créativité et une implication « supérieure » de l'hémisphère droit de leur cerveau. Elles ne semblent pas, à ce jour, scientifiquement confirmées.

Voyage au centre du cerveau d'un haut potentiel

Les recherches menées sur les enfants HPI mettent en avant quatre particularités[2] :

- *La vitesse de transmission des données et de l'information lors d'un effort cognitif est plus rapide. Le cerveau – qui consomme moins de glucose que celui des individus non HP, soit moins d'énergie pour effectuer des tâches cognitives – est utilisé de manière plus efficace.*
- *Les deux hémisphères du cerveau communiquent mieux. Les informations à traiter entre l'hémisphère gauche et l'hémisphère droit circulent plus et plus rapidement entre les différentes parties du cerveau.*
- *La zone fronto-pariétale s'active davantage lors de la résolution d'un problème en plusieurs étapes. Elle est le centre de la pensée divergente et de la créativité.*
- *Le cortex cérébral (matière grise), siège du développement cognitif de la pensée abstraite, l'attention, la mémoire, la planification, et tous les liens qui unissent la cognition et les émotions, se développe différemment. Sa dynamique de développement spécifique pourrait expliquer un meilleur traitement de l'information.*

1. Jeanne Siaud-Facchin, « Quand l'intelligence élevée fragilise la construction de l'identité : comment grandit-on quand on est surdoué ? » *Développements*, vol. 3, n° 6, 2010, p. 35-42.
2. Tiré de *Je suis surdoué ? mais j'ai rien demandé !!*, d'Anne-Bénédicte Damon, Lulu.com, 2017.

Franck Ramus, directeur de recherche au CNRS et professeur attaché à l'École normale supérieure, déduit des résultats de toutes ces recherches que le fonctionnement cérébral est plutôt quantitativement que qualitativement différent et ajoute qu'« à partir du moment où il y a des corrélations entre le QI et certaines caractéristiques cérébrales, le fait que certaines personnes ayant des QI extrêmes obtiennent également des valeurs extrêmes dans les caractéristiques cérébrales corrélées est une nécessité logique[1] ».

D'autres experts font état de différences qualitatives. Plusieurs recherches – certaines controversées – ont été également menées pour déterminer l'héritabilité de l'intelligence et le fondement génétique du caractère de haut potentiel, s'appuyant notamment sur l'étude de jumeaux séparés après leur naissance et élevés différemment. Si le lien entre niveau intellectuel et facteurs génétiques semble établi, il n'y a pas de consensus sur l'évaluation de la part de l'intelligence qui relève de la génétique de celle qui relève de l'environnement dans lequel un individu évolue et grandit.

En fin de compte, il est mis en évidence que le haut potentiel possède des fonctions cérébrales plus performantes en moyenne que les autres et qu'une partie de ces capacités se transmet de génération en génération.

Faut-il avoir peur du haut potentiel ?

Le haut potentiel bouscule. En entreprise, il dérange ou effraie par sa tendance à exprimer dans tous les domaines des opinions sincères et souvent différentes de celles des autres. La majorité des personnalités qui ont marqué l'histoire par des découvertes qui chamboulaient l'ordre établi étaient des hauts potentiels. Celles qui ont disrupté en un temps record des secteurs entiers de l'économie aussi. En effet, son fonctionnement spécifique – détaillé dans le chapitre suivant – lui permet d'être visionnaire, lui donne la capacité de remettre en cause les certitudes et la ténacité nécessaire pour faire aboutir ses idées malgré une montagne d'obstacles.

---

1. Franck Ramus, « Les surdoués ont-ils un cerveau qualitativement différent ? », *A.N.A.E.*, vol. 30, n° 154, 2018, p. 281-287.

Cependant, une partie des hommes et femmes à l'origine de découvertes ou créations majeures ne cochent pas les cases du haut potentiel. Cela ne les empêche ni d'être très performants ni d'être capables de remettre en question des convictions lorsque celles-ci ont atteint leurs limites.

Par ailleurs, il ne suffit pas d'être haut potentiel pour obtenir des résultats exceptionnels. D'abord, une partie d'entre eux grandit dans un environnement qui ne leur permet pas de révéler ou de développer leurs talents. Ensuite, tous n'ont pas le même caractère ou ne sont pas au « même niveau » et, surtout, la plupart des hauts potentiels n'ont aucune envie de se faire remarquer. Ce sont des personnes généralement humbles, discrètes, rapides, sensibles, logiques et créatives qui n'ont pas toujours l'ambition de révolutionner le monde mais plutôt de l'améliorer. Beaucoup cherchent à s'épanouir dans le mode de vie qu'elles ont choisi et sont adeptes de la devise « Pour vivre heureux, vivons cachés ». Si elles proposent régulièrement des évolutions de leur environnement, c'est rarement pour les intentions qu'on leur prête, mais pour le rendre plus performant ou meilleur. Optimiser est, pour elles, un réflexe naturel.

Certains individus jalousent l'apparente facilité avec laquelle ils les voient obtenir des résultats. Inversement, le regard que porte la société sur les hauts potentiels peut laisser penser qu'intelligence « supérieure » rime forcément avec difficulté d'adaptation, anxiété ou dépression. Cette vision, répandue et amplifiée par les études, émissions et articles qui ne prennent souvent en compte que les « génies » ou les hauts potentiels qui consultent un psychologue, ne fait que relayer les difficultés existentielles de personnalités qui souffrent de leur décalage, et oublient celles qui s'adaptent et sont globalement heureuses. Une étude de l'université Pierre-Mendès-France de Grenoble réalisée auprès des adhérents de Mensa[1] sur l'état psychologique des surdoués seniors en 2003 révélerait que « l'état de surdoué, au moins quand il est reconnu, loin d'être un facteur de fragilité, semble associé à une plus grande satisfaction de vie ». Le mythe du haut potentiel maudit vient donc probablement d'un problème d'échantillonnage.

---

1. Mensa est un réseau de personnes à haut potentiel intellectuel qui compte environ 133 000 membres dans le monde.

S'il est vrai que certains hauts potentiels sont sujets à des crises de mélancolie, ce que Winston Churchill appelait « les attaques du chien noir[1] », ce n'est pas le cas de tous. La plupart des personnes concernées ignorent leur qualité de haut potentiel. Elles réussissent à l'école et dans leur vie professionnelle et, si elles font parler d'elles, ce n'est pas en tant que hauts potentiels puisqu'elles n'ont jamais été identifiées comme tels. Elles peuvent, bien sûr, traverser des phases d'anxiété ou de dépression comme tout le monde. Ce qui les différencie alors est leur grande capacité de résilience, souvent activée dès le plus jeune âge par un système scolaire inadapté à l'expression de la singularité.

Il est intéressant de noter que le regard porté sur le haut potentiel varie selon les cultures. Dans les pays anglophones, le « surdoué » s'appelle « *gifted* », c'est-à-dire « doué ». En France, l'ajout du préfixe « sur » induit d'emblée l'idée d'un excès d'intelligence et donc d'un problème ou, en tout cas, d'une différence qu'il convient de signaler.

S'il n'y a pas plus de raisons de se méfier du haut potentiel que de tout autre être humain, il est préférable pour une entreprise de l'avoir avec elle plutôt qu'en dehors. Ses capacités d'innovation, exercées dans un autre cadre, peuvent donner naissance à un concurrent que personne n'aurait pensé voir venir. Les GAFA[2] et bien d'autres entreprises créées par de hauts potentiels en sont une illustration. La vie était plus simple pour beaucoup lorsque Apple n'était qu'un fruit.

Donc en réalité, ce qui ressort d'une relation avec un haut potentiel ne dépend pas seulement des caractéristiques de l'un des protagonistes, mais de ce que chacun y apporte.

---

1. Michael Köhlmeier, *Deux Messieurs sur la plage*, Actes Sud, 2015.
2. Ce terme désigne les « géants du numérique », à l'origine Google, Apple, Facebook, Amazon les acteurs de l'Internet d'envergure mondiale.

L'affaire Cambridge Analytica : le haut potentiel qui en savait trop

Christopher Wylie, ancien salarié de la société de communication stratégique, fait éclater au grand jour le vol des données de 50 millions d'utilisateurs de Facebook, utilisées notamment pour manipuler les résultats des élections américaines.

Les quatre indices du haut potentiel de ce lanceur d'alerte sont :

- *un style original parfois provocateur ;*
- *une scolarité rendue compliquée par une dyslexie ;*
- *le fait qu'il ait appris à coder seul à 19 ans et réussi à intégrer ensuite la prestigieuse London School of Economics, qui laisse supposer des capacités d'apprentissage hors norme ;*
- *sa capacité à inventer une méthode efficace pour maximiser la réussite d'un parti politique à partir d'études de personnalité, qui donne naissance à Cambridge Analytica.*

Son haut potentiel l'a-t-il rendu manipulable ? Christopher Wylie a probablement été sensible à la stratégie de survalorisation mise en place par son manager – éminence grise de Donald Trump – lorsque ce dernier lui a donné une totale marge de manœuvre pour expérimenter ses idées, la liberté de voyager au bout du monde, la multiplication de rencontres politiques gratifiantes.

Délivré de son emprise, il retrouve le sens de l'éthique en choisissant de dénoncer les pratiques de son ancien employeur.

Surefficience intellectuelle et troubles d'apprentissage

La surefficience ne met pas à l'abri de troubles d'apprentissage tels que le TDAH[1], la dyslexie, la dyscalculie, la dysgraphie, la dysorthographie, ou encore la dysphasie. S'il est courant de faire un lien entre le haut potentiel

1. Le TDAH (trouble du déficit de l'attention avec ou sans hyperactivité) touche le comportement et de l'attention. Estimé entre 4 et 6 % chez l'enfant, il se résorberait dans 35 % des cas. Ce trouble se manifeste par des difficultés à se concentrer, une impulsivité et une agitation quasi constante. Les enfants qui en sont atteints sont sujets à l'échec scolaire quand ils ne sont pas ou mal suivis par les enseignants.

et ce type de problèmes, les études ne confirment pas qu'ils les concernent davantage que les autres personnes. En revanche, il est certain que la recherche d'une solution à un trouble de ce type signalé à l'école amène à consulter un professionnel qui, à cette occasion, peut déceler le haut potentiel.

Aux États-Unis, ces personnes qui cumulent une force intellectuelle et une faiblesse ou une difficulté concomitante sont appelées les « *twice exceptional* » (doublements exceptionnels). Malgré leur intelligence, elles peinent à aller au bout de leurs études et à obtenir des diplômes en phase avec leurs capacités réelles car les systèmes scolaires sont avant tout conçus pour les personnes capables d'avoir un apprentissage « normal ». Ceci peut les amener, par la suite, lors de leur carrière professionnelle, à se retrouver dans des fonctions bien en dessous de leurs capacités et à en souffrir.

Albert Einstein, dont le parcours scolaire a été atypique par rapport à celui des grands scientifiques qui furent ses contemporains, s'est insurgé contre les méthodes d'enseignement rigides : « Tout le monde est un génie. Mais si vous jugez un poisson sur ses capacités à grimper à un arbre, il passera sa vie à croire qu'il est stupide. »

La surefficience ne met à l'abri de rien : ni des troubles d'apprentissage, ni de la dépression, ni des maladies. Le haut potentiel qui va mal somatise et peut rapidement tomber malade. Il n'est pas, non plus, à l'abri de la bêtise. Certains en commettent d'énormes. En effet, ce qui caractérise les hauts potentiels, c'est leur tendance à vivre et réagir intensément.

S'adapter à la norme sans perdre son identité

Il existe des cultures plus ou moins accueillantes pour les individus hors normes. La manière dont les personnalités font état de leur niveau intellectuel en est révélatrice. Si aux États-Unis elles annoncent leur haut niveau de QI sans complexe, en France elles restent discrètes. Selon l'environnement dans lequel il évolue, le haut potentiel peut avoir une vie simple ou compliquée. Son défi principal est de composer au quotidien avec les réactions de son entourage face à l'expression de ses qualités « hors normes ».

Les regards bienveillants peuvent lui mettre une pression qu'il n'est pas prêt à supporter. C'est le cas des enfants dont le haut potentiel est repéré alors qu'ils sont très jeunes. Poussés trop vite dans le monde des adultes, ils ne sont pas émotionnellement armés pour y faire face.

Les regards malveillants, qui se traduisent par du rejet ou du harcèlement, peuvent l'entraîner à se révolter, parfois violemment, ou à se diminuer pour éviter de se faire remarquer.

S'il s'affranchit de la société, il aura du mal à s'y intégrer. Il vivra alors en ermite ou entouré de personnalités originales, qui partagent ce défi quotidien de devoir gérer leur différence. Si, au contraire, il se fond dans la masse pour se faire accepter, il n'exprime pas sa personnalité profonde et bride ses talents. Jouer le caméléon le fatigue et risque, à la longue, de provoquer des problèmes.

La troisième voie, c'est d'assumer sa différence et de bien vivre quel que soit le contexte, en se détachant du regard des autres pour exister en tant qu'individu tout en restant connecté aux autres. En entreprise, les hauts potentiels se confrontent à une réalité où il est difficile de faire abstraction de ce regard des autres tant l'instinct grégaire peut être fort. Ils évoluent donc en tension plus ou moins forte selon la culture, l'organisation et, surtout, les pratiques managériales qui y règnent.

S'entourer de hauts potentiels : pour se transformer, pour survivre

Le haut potentiel est « à la mode », car les entreprises en ont plus que jamais besoin pour relever les défis auxquels elles font face. Des défis qu'ils transforment en opportunités lorsque leur environnement professionnel leur permet d'activer leurs talents.

Réussir dans un monde qui change vite

La période actuelle est marquée par trois phénomènes qui s'additionnent et s'entretiennent : la digitalisation de l'économie, qui bouleverse les modèles établis, la globalisation des marchés, qui crée de la complexité, et l'éclatement de la chaîne de valeur, qui transforme le travail. Pour certaines entreprises, il s'agit de survivre dans un monde qui subit de profonds et rapides bouleversements économiques, financiers, technologiques, concurrentiels. Pour d'autres, le challenge est de continuer à innover pour croître.

Dans tous les cas, les modèles sont remis en question. Des acteurs disruptifs créent des situations concurrentielles sans précédent. Si les médias, les télécoms, les services financiers, la distribution et l'assurance sont engagés dans leur transformation digitale depuis des années, les secteurs jusqu'alors préservés sont aujourd'hui aussi concernés (transport, industrie, santé, éducation...).

La globalisation élargit les terrains de jeu, fait émerger de nouvelles marques mondiales, apporte de la complexité par les mécanismes interculturels qu'elle suppose. Comprendre les particularités, les forces et les faiblesses des zones sur lesquelles l'entreprise opère implique une grande agilité et ouverture d'esprit. Pour bien fonctionner dans ce contexte, trouver en permanence le juste équilibre entre le global (pareil sur tous les marchés) et le local (spécifique à chaque marché) est essentiel.

L'éclatement de la chaîne de valeur, constituée par l'ensemble des activités qui permettent de créer un produit ou service, modifie le champ des responsabilités. Elles ne s'arrêtent plus aux portes de l'entreprise. L'efficacité de la nouvelle chaîne dépend de la coordination de chacun des acteurs impliqués et de leur capacité à comprendre où ils se situent et comment travailler avec les autres.

Aucune structure n'est à l'abri de disparaître faute de réussir à s'adapter. Aucune ne peut, non plus, faire l'économie de s'entourer de collaborateurs capables d'accompagner cette profonde remise en cause des modes de fonctionnement.

Sortir du cadre pour répondre au défi numérique

De nouveaux métiers apparaissent. Les fonctions traditionnelles évoluent, libérant les salariés des tâches répétitives progressivement prises en charge par des machines. Les études menées prévoient qu'au moins 40 % des métiers seront fortement impactés par le numérique. C'est une douce manière de dire que certains disparaîtront.

Au fur et à mesure que le big data progresse, les algorithmes dans lesquels est injecté un volume croissant de données deviennent plus performants. La machine remplace l'humain sur les tâches à faible valeur ajoutée. Elle s'impose aussi sur d'autres, infiniment plus complexes, car elle devient plus fiable que l'homme. Exit les contrôleurs de gestion, les DAF, les DRH, les marketeurs, les services clients qui ne sauront pas s'adapter en se redéployant sur la partie de leurs talents que les robots ne pourront remplacer.

Pour rester leader dans un monde digital, sortir des sentiers battus est le seul moyen d'anticiper l'évolution des métiers, processus et modes de travail. Par leurs capacités à s'adapter et à innover, les hauts potentiels peuvent jouer un rôle clé dans ce processus de changement.

Conduire le changement : la clé de la pérennité

L'ensemble des acteurs qui interviennent dans la transformation des entreprises, que ce soit dans leur propre structure ou en tant qu'accompagnants extérieurs, soulignent que l'adaptation d'une organisation à un monde digital repose plus sur l'humain que sur les technologies. C'est sa capacité à définir, partager une vision stratégique et à mettre en œuvre les conditions pour que chacun intègre le numérique et innove qui fait la différence.

L'intégration de la technologie remet en cause des fonctionnements traditionnels et touche profondément l'organisation et la culture d'entreprise. La tentation est grande de vouloir, pour conduire le changement, plaquer des modèles tout faits proposant de séduisantes recettes. S'il est possible d'y trouver de l'inspiration, chaque solution reste unique et n'est efficace que si elle est mise en œuvre correctement sur le terrain. Le succès d'une transformation passe donc par la capacité des équipes à la comprendre, la piloter et l'accompagner.

Les hauts potentiels, qui prennent plaisir à résoudre des problèmes insolubles, visent l'excellence dans l'exécution et aiment avancer en impliquant les autres, sont parfaitement armés pour penser et mettre en œuvre une transformation.

Les sept clés pour bien prendre le virage digital

Selon l'étude menée par ESCP Europe avec Netexplo[1], sept tendances se dessinent dans les entreprises dotées d'une forte maturité digitale :

- Meaning : *les salariés comprennent la finalité de ce qui leur est demandé.*
- Interdisciplinary : *le fonctionnement en silos disparaît.*
- System thinking : *chacun comprend l'intégralité de la chaîne de valeur dans une optique systémique. Les niveaux hiérarchiques se réduisent.*
- Focus : *les individus sont persévérants et tenaces, le dirigeant maintient un fil directeur et sait quand il faut continuer ou, au contraire, s'arrêter.*
- Imagination : *la créativité s'exprime. Elle est déterminante pour la pérennité d'une organisation.*
- Trust : *la confiance libère les énergies. Le management devient authentique et ouvert aux idées de ses équipes.*
- Sharing : *les organisations partagent dans leur écosystème, sans vouloir tout intégrer. Elles gèrent la coopération à long terme avec des ressources rares, pour partie en dehors de l'entreprise.*

1. Étude menée par ESCP Europe avec l'observatoire Netexplo sur les évolutions de talents à l'ère digitale, présentée par Franck Bournois en février 2018 à l'Unesco.

Nommer des hauts potentiels à certains postes clés : une nécessité

La qualité du leadership impacte la croissance

Dans l'économie actuelle, la croissance reste le Graal de la stratégie d'entreprise. Les entreprises à forte croissance délivrent aux actionnaires plus de valeur que la moyenne. Ce sont aussi celles qui ont le plus de chances de survie (cinq fois plus que les autres).

Il ne fait pas de doute que la qualité du leadership d'une entreprise a un impact sur sa croissance. La présence de profils à hauts potentiels dans les équipes de direction y serait aussi corrélée. C'est ce que démontrent les cabinets Egon Zehnder (recrutement de dirigeants) et McKinsey (conseil en stratégie) dans leur étude commune *Return on Leadership,* qui fait le lien entre la croissance sur dix ans du chiffre d'affaires des entreprises et le niveau de compétences des leaders. Elle mesure aussi l'impact sur le développement du nombre de ceux présents dans les équipes de direction, obtenant des scores extrêmes *(Spiky Leaders)*.

À travers la mise en œuvre de différentes compétences dans leur travail, l'étude note 5 000 leaders dans quarante-sept pays sur une échelle de 1 à 7 (note maximum). Les aptitudes évaluées comprennent le sens du business, qui se traduit par une orientation résultat et la capacité à comprendre les besoins des clients, mais aussi le leadership et les capacités managériales, qui impliquent une aptitude à collaborer, influencer, mener une équipe, anticiper et conduire le changement. Enfin, elles incluent la vision stratégique, qui s'exprime par la compréhension des tendances d'un marché et la capacité à répondre par des solutions réellement innovantes.

Les managers ayant les notes les plus basses sur une compétence possèdent des comportements en réaction par rapport à leur environnement et ceux aux notes moyennes font montre de comportements plus actifs. Seuls ceux notés entre 6 et 7, les *Spiky Leaders*, sont proactifs et capables de penser et de mener à bien une transformation. L'évaluation du niveau de croissance des entreprises étudiées prend en compte la partie organique, leur gain de parts de marché, mais aussi leur croissance par acquisitions.

L'étrange impact des Spiky Leaders sur la croissance

Les entreprises les plus performantes en termes de croissance externe sont celles dirigées par des leaders qui présentent des scores exceptionnellement élevés sur certaines compétences.

Écarts de compétences entre les 25 % d'entreprises les plus et les moins performantes en matière de croissance.

Croissance externe	Écarts de scores		
Croissance nette (CA) réalisée suite à des opérations d'acquisition ou de cession	**Leadership lié à la vision**	Orientations stratégiques Connaissance du marché	0,4 1,2
	Leadership lié à l'activité	Sens du client Orientation résultats	0,8 0,6
	Leadership lié à l'organisation	Collaboration et influence	0,4

Pour obtenir une croissance supérieure à la moyenne, les entreprises doivent disposer d'un seuil critique de dirigeants dotés de compétences d'exception

Pour faire partie des...	Type de croissance	Compétence (exemple)	Seuil critique
50 % des entreprises les plus performantes en termes de croissance	Chiffre d'affaires Dynamique du portefeuille	Sens du client Collaboration et influence	19 % 22 %
25 % des entreprises les plus performantes en termes de croissance	Chiffre d'affaires Dynamique du portefeuille	Sens du client Collaboration et influence	40 % 22 %

Source : *Return on leadership* – © Egon Zehnder International and McKinsey & Company Inc.

Les résultats de l'étude montrent une corrélation entre le nombre de leaders hors normes dans un Comex et la performance de l'entreprise en mettant en avant trois compétences critiques pour générer de la croissance, qui sont :

- la capacité à comprendre les besoins du client ;
- l'orientation résultat ;
- l'aptitude à capter les données et évolutions d'un marché.

Quel que soit l'environnement étudié, ces trois compétences font une réelle différence. Il se trouve qu'elles correspondent aux talents démontrés par la plupart des hauts potentiels en entreprise. Cela les positionne en partenaires efficaces de toute stratégie de croissance.

Des leaders champions de l'innovation et de la transformation

Le leader haut potentiel crée des équipes qui amènent de l'innovation mais il appréhende aussi avec elles ce qui pourrait menacer son entreprise et prévoit les plans d'actions pour l'éviter. Les acteurs du digital ont parfaitement intégré cela et ne lésinent pas sur les moyens mis en œuvre pour en positionner dans des postes de management.

Témoignage HP – Diane, Sales Director

« C'est en intégrant une entreprise à croissance rapide dans le secteur du numérique que j'ai connu les plus grandes satisfactions professionnelles. J'y ai été recrutée sans aucune expérience dans le secteur pour occuper un très beau poste au rayonnement international. Elle était envahie par les hauts potentiels. Je m'y sentais super bien. »

Mixer dans les Comex *Spiky Leaders* et managers dans la norme

L'étude *Return on Leadership* met en exergue le fait qu'un très faible nombre de dirigeants obtient les scores qui traduisent une réelle proactivité et la capacité à mener à bien une transformation. Il en résulte que seulement 1 % des leaders des entreprises évaluées sont des leaders hors normes, soit la moitié de la proportion de hauts potentiels dans la population globale. La plupart des autres dirigeants peuvent être hors normes sur certaines compétences mais aussi très en dessous sur d'autres. 17 % seulement réunissent un score élevé sur plus de la moitié des critères.

Aussi, pour faire la différence en matière de croissance, une entreprise a intérêt à composer son Comex en mixant des profils susceptibles d'apporter des compétences très pointues, ceux qu'elle appelle les *Spiky Leaders* – même s'ils ne sont pas excellents sur tout – et des profils relativement dans la norme. Cette combinaison génère plus de performance que de choisir des profils homogènes en tout point.

Investir dans le développement des hauts potentiels le plus tôt possible

Assurer la cohésion des talents dans les équipes de direction

Faire progresser les *Spiky Leaders* sur leurs points faibles s'avère complexe et long. Il est nécessaire de les identifier le plus rapidement possible et d'investir très tôt dans leur développement pour bénéficier pleinement de leur valeur ajoutée.

D'autres approches[1] qui tentent d'établir un lien entre le niveau d'intelligence et la qualité du leadership se fondent sur des indicateurs différents de la performance délivrée, comme le leadership perçu par les autres. Leurs conclusions peuvent laisser penser qu'un trop grand écart intellectuel entre le QI d'un leader et son équipe nuit à l'efficacité du leadership.

Des conclusions divergentes de tous ces travaux, il est possible de déduire que ne s'appuyer que sur des modèles rationnels pour composer une équipe est dangereux. Cela est d'autant plus vrai que le monde évolue à grande vitesse et que les repères classiques en termes de compétences nécessaires pour diriger avec succès peuvent voler en éclats.

---

1. John Antonakis, Robert J. House, Dean Keith Simonton, « Can super smart leaders suffer from too much of a good thing? The curvilinear effect of intelligence on perceived leadership behavior », *Journal of Applied Psychology*, vol 102, n°7, juillet 2017, p. 1003-1021.

Le succès dépend donc du contexte et des compétences de chacun mais aussi et surtout de la capacité des individus à bien coopérer. En conséquence, l'enjeu de l'entreprise qui veut croître, c'est avant tout d'assurer, dans son équipe de direction, la meilleure articulation des talents pour qu'ils s'additionnent et se mettent en valeur réciproquement.

Ce travail de longue haleine nécessite de créer au préalable un climat de confiance, mais surtout de valoriser l'expression des *soft skills*, c'est-à-dire les qualités humaines et relationnelles, le savoir-être, l'intelligence émotionnelle… tout ce qui permet aux individus d'une équipe de bien communiquer et travailler ensemble.

Il est fréquent que les leaders à haut potentiel, parce qu'ils fonctionnent différemment des autres, aient besoin d'être accompagnés sur le développement de leur compétences relationnelles.

Identifier le plus tôt possible tous les hauts potentiels de l'entreprise

Au-delà de bien composer son équipe de direction, l'entreprise a tout intérêt à repérer très tôt les hauts potentiels dans l'ensemble de ses équipes. Sans une démarche active de repérage, elle s'expose à passer à côté des talents précieux et cachés d'individus qui sont souvent humbles et discrets.

Activer leurs talents passe ensuite par créer les conditions favorables à leur développement : culture d'entreprise, responsabilités et projets confiés et, surtout, un encadrement doté de compétences managériales. Ce dernier point est capital pour bénéficier pleinement et durablement de leur valeur ajoutée.

Créer les conditions de la coopération de tous

Au-delà de la somme des efforts qu'engagent ses équipes RH et son management pour accompagner le développement des compétences individuelles, l'entreprise performante sait tirer parti de toutes ses richesses humaines.

Cela passe par réussir à faire travailler ensemble des personnalités qui sont certes différentes, mais surtout complémentaires.

Trop pointer les spécificités des hauts potentiels peut transformer leurs atouts en handicap. La catégorisation enferme un individu dans un modèle de fonctionnement dont il devient difficile de sortir. *A contrario*, décoder les différences de comportements d'individus dans une équipe ou une organisation permet de mettre de l'huile dans les rouages et de faciliter les interactions.

Parions que comprendre le fonctionnement du haut potentiel en entreprise est un moyen d'éviter les jugements de valeur hâtifs. C'est aussi l'opportunité de construire une culture où des équipes composées de personnalités différentes réussissent à « gagner » ensemble.

En bref

Les stéréotypes autour des « surdoués » sont tenaces parce qu'ils ne s'appuient que sur l'étude d'une infime partie de cette population, celle dont font état les psychologues relayés par les médias : d'une part les génies, d'autre part ceux qui souffrent.

Le reste de la population des hauts potentiels passe « sous le radar » car ce sont souvent des personnalités discrètes bien qu'originales, rapides et agiles.

Dans l'entreprise, ces profils deviennent clés dans tous les contextes qui nécessitent de réfléchir différemment, transformer, optimiser, accompagner le changement. Ces collaborateurs sont précieux, mais pas toujours faciles à identifier ni à manager. Or il est essentiel pour réussir collectivement avec eux d'articuler leurs talents spécifiques avec ceux de l'ensemble des autres salariés. À tous les niveaux.

Les entreprises capables d'accueillir la diversité cognitive et d'investir tôt dans le développement harmonieux des interactions entre l'ensemble des collaborateurs clés bénéficieront d'un avantage compétitif significatif et durable.

Chapitre 2
REPÉRER LE HAUT POTENTIEL DANS UNE ÉQUIPE

Obi-Wan Kenobi : L'œil ne voit que la surface des choses, ne t'y fie pas.
Han Solo : Ce type est fou.
Obi-Wan Kenobi : Qui est le plus fou des deux ? Le fou ou le fou qui le suit ?

GEORGE LUCAS, *STAR WARS, UN NOUVEL ESPOIR* (1977)

L'intérêt de repérer rapidement le haut potentiel étant établi, il s'agit désormais de faire le point sur les manières dont les dirigeants, managers ou DRH peuvent s'y prendre pour réussir.

De l'intérêt des tests pour repérer les personnes à haut potentiel

Aujourd'hui, même si cette vision est imparfaite, les hauts potentiels sont considérés surtout comme des personnes dotées d'un QI élevé. Aussi, ils se confirment par des tests de mesure du quotient intellectuel. Pourtant, le haut niveau de QI n'est qu'une forme d'expression du haut potentiel. Selon certains experts, établir un diagnostic uniquement à partir de ces tests présente des limites.

Et l'intelligence émotionnelle ?... Bord... !

La majorité des publications sur le haut potentiel traitent exclusivement du quotient intellectuel (QI) et très peu du quotient émotionnel (QE). Moins connu, ce concept d'intelligence qui s'appuie sur la gestion des émotions a été popularisé en 1995 par Daniel Goleman. Or, dans l'entreprise, l'intelligence émotionnelle est un marqueur de performance puissant, parfois beaucoup plus que le quotient intellectuel.

Les qualités qui témoignent d'un haut quotient émotionnel sont :

- *la conscience de soi et la capacité à comprendre ses émotions ;*
- *la maîtrise de soi ;*
- *la motivation interne ;*
- *l'empathie ;*
- *les aptitudes sociales.*

Être haut potentiel intellectuel ou haut potentiel émotionnel, ce sont deux manières différentes d'avoir un talent exceptionnel. Ces derniers possèdent des aptitudes particulièrement développées pour le leadership, le management et les relations aux autres.

Si certains hauts potentiels cumulent un haut QI et un haut QE, d'autres seront hors norme uniquement sur l'une des dimensions et devront s'attacher à développer celle qui leur manque pour être performants.

Le QI reste la référence en matière d'intelligence, même s'il n'en représente qu'une manifestation partielle car, à l'heure actuelle, il reste l'indicateur le plus fiable et donc le plus pertinent. Les autres manifestations de l'intelligence, notamment le QE – qui est une nécessité pour s'adapter – ne se mesurent pas avec autant de fiabilité. En effet, s'il existe des tests pour évaluer le quotient émotionnel d'un individu, les résultats obtenus varient considérablement en fonction de son état au moment où il les passe.

Le haut potentiel pourrait donc se manifester de nombreuses manières. Les travaux d'Howard Gardner, enseignant, psychologue et neurologue américain, font désormais état de neuf formes d'intelligence : verbale et linguistique, musicale, logico-mathématique, visuelle-spatiale, corporelle-kinesthésique, interpersonnelle (capacité à entrer en relation avec les autres), intrapersonnelle (capacité à avoir une bonne conscience de soi), naturaliste, existentielle et spirituelle.

Les tests psychométriques d'évaluation de l'intelligence

Les outils de référence pour mesurer l'intelligence sont ceux créés par le psychologue américain David Wechsler en 1939. Régulièrement révisés, ils sont adaptés et étalonnés en fonction des pays, ainsi que des différences culturelles et linguistiques.

Pour les adultes, il s'agit du test de WAIS IV *(Wechsler Adult Intelligence Scale)* qui, à travers différents subtests, évalue plusieurs compétences :

- la compréhension verbale, qui combine raisonnement verbal et vocabulaire ;
- la mémoire de travail, qui sert à retenir l'énoncé d'un problème pendant quelques minutes et à faire des calculs sur ses données ;
- le raisonnement perceptif, qui permet de résoudre des problèmes nouveaux ;
- la vitesse de traitement, qui correspond à la rapidité d'exécution de tâches simples.

Obéissant à un protocole standardisé, ce test ne peut être passé qu'auprès d'un psychologue formé et certifié pour le faire. Il fait partie d'un bilan psychologique complet qui évalue non seulement les capacités intellectuelles, mais appréhende aussi les forces et faiblesses de la construction de la personnalité. Compte tenu de ses enjeux et modalités de passation, ce test n'est pas adapté à un contexte d'évaluation en entreprise.

Il était une fois les tests de QI…

Le test à l'origine des outils de mesure de l'intelligence générale (le facteur g) date de 1905 et nous vient du psychologue niçois Alfred Binet. En étudiant les aptitudes moyennes par classe d'âge d'une cinquantaine d'élèves, il identifie les enfants qui souffrent d'une insuffisance intellectuelle pour les orienter vers des établissements scolaires spécialisés. Son pragmatisme en fait une référence mondiale. Il est rapidement élargi aux adultes. En 1912 apparaît la notion de calcul d'un « quotient intellectuel » (QI).

Utilisés à Ellis Island, les tests d'intelligence aident à repérer la déficience mentale lors de l'arrivée d'immigrants aux États-Unis. Dans l'armée, ils servent à vérifier l'aptitude au maniement des armes des futurs militaires et leurs capacités à occuper des postes sensibles.

En 1939, David Wechsler publie une batterie de tests qui regroupe les meilleurs moyens de mesure de l'époque. L'intelligence se définit comme « la capacité globale ou complexe de l'individu d'agir dans un but déterminé, de penser de manière rationnelle, et d'avoir des rapports utiles avec son milieu ».

Le résultat de l'évaluation devient un indice qui situe une personne par rapport à son groupe d'âge de référence. Il s'exprime en niveau de QI et en « rang percentile », c'est-à-dire en pourcentage d'individus qui réussit mieux ou moins bien chaque épreuve. Par exemple, un QI de 130 correspond au QI de 2,15 % de la population et un QI de 145 à 0,135 % de la population.

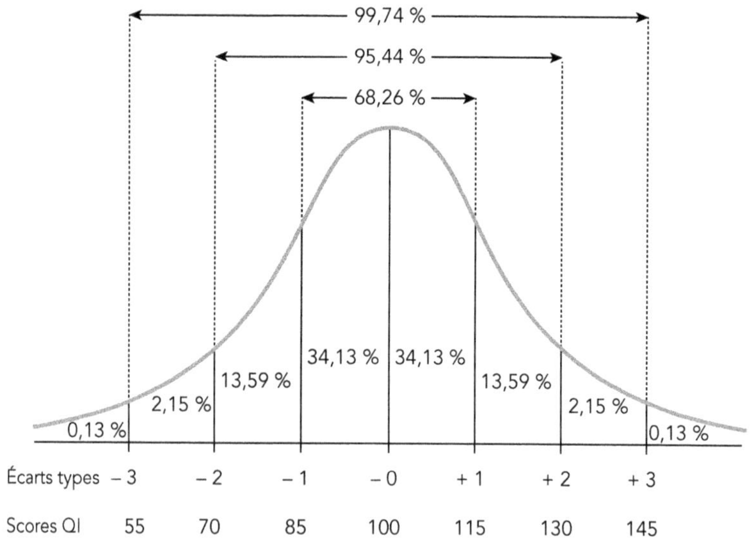

Distribution normale des scores de QI (selon la courbe de Gauss)

Source : Sense and nonsens about IQ, Charles Locurto, Ed. Praeger, New York, 1991.

Ce test reste la référence encore aujourd'hui.

Un autre acteur mondial propose des tests pour identifier le haut potentiel qui se passent de manière autonome. Il s'agit de l'association Mensa, *The high IQ Society*, qui utilise ces outils pour recruter ses membres.

Comment rejoindre « l'école des sorciers » des hauts potentiels

Les lecteurs d'Harry Potter trouveront des similitudes entre Poudlard[1] et Mensa, ce réseau de HP fondé à Oxford au lendemain de la Seconde Guerre mondiale pour mettre l'intelligence au service de la société.

Les membres de l'association y trouvent un environnement social stimulant pour partager leurs passions, échanger et s'enrichir mutuellement. Le climat se veut bienveillant afin d'encourager les contributions qui ont un impact positif sur le monde mais aussi pour permettre à une population régulièrement malmenée par une société qui privilégie la norme de s'exprimer librement.

On n'entre pas chez Mensa en prenant le Quai 9 ¾[2], mais en passant des tests bâtis sur le raisonnement logique qui « valident » les candidats qui se situent dans les 2 % de la population qui obtient les scores les plus élevés.

Ceux qui ratent les tests – cela arrive – peuvent retenter leur chance ou rejoindre l'association en justifiant de leur qualité de HP par les résultats de tests psychométriques plus fouillés, effectués sous la supervision d'un psychologue.

---

1. Poudlard désigne l'école créée par J.K. Rowling dans sa saga *Harry Potter*, à laquelle n'accèdent que les enfants qui possèdent des « pouvoirs » de magiciens. Ce lieu qui leur est dédié les protège du jugement des Moldus, les « normaux », qui ne sont pas tendres avec eux.
2. Le Quai 9 ¾ est le quai du train Poudlard Express, auquel seuls les magiciens peuvent accéder, pour rejoindre leur école. Ce célèbre quai est désormais matérialisé dans la gare de King's Cross, à Londres.

Qu'apportent les tests réalisés en entreprise ?

L'entreprise investit dans des outils d'évaluation pour repérer les personnes qui possèdent l'intelligence, la personnalité et les capacités d'apprentissage nécessaires pour générer de la performance et/ou pour prendre des postes clés.

Les tests prédictifs de comportement

La performance supérieure ne dépend pas seulement des compétences techniques d'un collaborateur mais aussi de sa personnalité et de ses compétences relationnelles.

C'est généralement la grille des Big Five (ou Modèle OCEAN) qui est utilisée pour identifier les différents types de profils psychologiques. Cela revient à évaluer cinq traits de caractère fondamentaux qui, combinés, donnent une idée relativement fiable d'une personnalité : l'ouverture d'esprit, la conscience/fiabilité, l'extraversion, l'agréabilité, le névrosisme.

Ces tests ne permettent pas d'établir un diagnostic de haut potentiel, ce dernier ne pouvant se définir uniquement par un type de personnalité. Seule l'ouverture d'esprit se retrouve chez la plupart d'entre eux.

L'évaluation 360 degrés

Pour compléter l'évaluation du potentiel par le biais de tests, l'entreprise peut soumettre une personne à une évaluation à 360 degrés. Cela consiste à la faire apprécier à la fois par son responsable hiérarchique, ses collègues son équipe et par elle-même. L'objectif est de mettre en relief son potentiel d'évolution à travers l'ensemble des points de vue mis en confrontation.

Ce type d'évaluation se fait sous forme de questionnaires qui respectent l'anonymat de chacun. Plus le nombre de personnes de l'équipe et de pairs est grand, plus le résultat obtenu sera objectif.

Les assessment centers

Ces centres proposent des méthodes d'évaluation fondées sur l'observation des compétences nécessaires à la réussite dans un poste en fonction d'un référentiel de compétences. Les personnes évaluées sont mises en situation sur plusieurs jours pour permettre l'observation des comportements réels. Elles participent à des exercices du type entretiens individuels, entretiens de groupes, présentations à un auditoire, simulation d'entretiens difficiles et conflictuels.

Passer par un *assessment center* constitue, déjà en soi, un moment de formation ou de développement. À la fin, le participant reçoit un feed-back sur ses points forts et ses axes d'amélioration de façon à construire un plan de formation adapté à ses besoins.

Dans la détection des potentiels, ces méthodes ne sont que rarement utilisées seules mais combinées entre elles.

Témoignage HP – Brigitte, Supply Chain Manager

« J'ai rejoint une entreprise industrielle de culture anglo-saxonne qui avait une politique RH et des méthodes de management exceptionnelles.

À l'embauche, après toute une série de tests de personnalité, le processus s'est terminé par un travail de groupe – une sorte d'énigme à résoudre – qu'on effectuait devant une vitre sans tain, face à la DRH et à la personne qui occupait le poste pour lequel l'entreprise recrutait. Nous étions prévenus de leur présence. J'ai trouvé cela intelligent de faire participer au processus la personne qui connaissait parfaitement les enjeux du poste à pourvoir.

À l'issue de mes tests, la DRH, qui avait apprécié mon attitude en groupe, m'a fait repasser ceux de personnalité, en me demandant, cette fois-ci, de jouer vraiment le jeu.

À la fin, elle m'a positionnée sur un poste supérieur à celui pour lequel je postulais initialement.

J'ai ensuite eu une progression de carrière rapide, sachant que le Groupe incitait toutes les personnes qui fonctionnaient bien à évoluer tous les deux ans. Les managers y étaient habitués et ma responsable m'a incitée à bouger dès que j'avais fait le tour de mon premier poste. »

L'objectif de toutes ces évaluations en entreprise n'est pas spécifiquement de repérer le haut potentiel mais de créer un vivier de personnes qui pourront prétendre à occuper des postes clés, dans un avenir plus ou moins proche.

Les limites de tous ces tests

Pour de nombreux spécialistes, les tests ne sont pas des instruments de mesure suffisants. Si celui de WAIS possède de bonnes qualités psychométriques pour le plus grand nombre, il n'a pas été conçu dans l'optique de déceler les hauts potentiels et n'est donc pas assez précis pour bien les évaluer. Son étalonnage, conçu pour représenter la population normale, ne fournit pas une étendue de scores suffisante pour mesurer correctement le niveau des personnes présentant des compétences extrêmes. Il plafonne à 160 alors que le QI le plus élevé au monde pourrait atteindre 250, voire 300[1].

Par ailleurs, si certains individus obtiennent des résultats homogènes sur ces différents subtests, d'autres non. Ce sont des profils hétérogènes pour lesquels la mesure *via* un niveau global de QI est inopérante.

Ron Weasley ou Harry Potter, Dark Vador ou Maître Yoda ?

Deux psychologues et un neuroscientifique[1] interprètent une étude menée sur des enfants présentant des scores élevés aux tests de QI en détachant deux profils différents selon l'homogénéité ou l'hétérogénéité des scores obtenus aux subtests.

Profil 1 : *le laminaire, aux capacités cognitives, psychomotrices et relationnelles généralement en adéquation avec son environnement. Il présente un parcours de vie adapté et constructif sauf si un traumatisme vient le bouleverser. Constant, il sait se modérer et prend sa place naturellement dans la société.* Son risque : *s'épuiser dans un contexte où il se sur-adapte.* Conseil : *l'encourager à prendre soin de lui, lui laisser de la liberté, l'autoriser à exprimer sa créativité.*

Célébrités avec ce profil : *Astérix, Dora l'exploratrice, Harry Potter, Merlin l'Enchanteur, Maître Yoda, Claude Monet, Auguste Rodin, J.F. Kennedy, C. de Gaulle, A. de Saint-Exupéry, J. Attali, Y. Noah, H. Reeves, N. Kosciusko-Morizet, le dalaï-lama.*

1. Fanny Nusbaum, Olivier Revol, Dominic Sappey-Marinier, *Les Philocognitifs – Ils n'aiment que penser et penser autrement...*, Odile Jacob, 2018.

1. Source : Douance.org.

Profil 2 : *le complexe, hétérogène, qui possède une puissance de pensée, une créativité et une sensibilité artistique hors normes. Parfois inconsistant dans l'effort et irrégulier dans ses capacités cognitives et relationnelles, avec des réactions extrêmes.* Son risque : *avoir des difficultés d'adaptation.* Conseil : *le rassurer, l'accompagner dans la pleine valorisation de son potentiel pour lui permettre de vivre sereinement avec les autres.*

Célébrités avec ce profil : *Tom Sawyer, Heidi, Dark Vador, L. de Vinci, Coco Chanel, V. Van Gogh, P. Picasso, S. Dalí, Mozart, A. Einstein, Napoléon Ier, W. Churchill, C. Chaplin, S. Gainsbourg, Madonna, A. Winehouse.*

Enfin, quel que soit son niveau intellectuel, une personne peut sous-performer aux tests pour de nombreuses raisons : le stress, la fatigue, la prise de médicaments ou tout simplement parce qu'elle n'est pas prête à accepter ce « diagnostic » de haut potentiel, avec toutes les implications qu'il recouvre. C'est pourquoi le haut potentiel se définit de plus en plus en prenant en compte des éléments comme sa capacité à obtenir des performances extrêmes dans un domaine, l'acuité de ses cinq sens, sa créativité mais aussi des traits de personnalité, des centres d'intérêt et ses valeurs.

Cela donne lieu à des profils extrêmement variés.

La performance en entreprise s'obtient plus facilement avec les personnes qui combinent plusieurs formes d'intelligence au même niveau. Elle se produit avec les autres à condition de les placer dans les postes qui correspondent à leurs talents.

Il est illusoire de croire que les hauts potentiels peuvent tous être repérés par des tests et probable que certains ne seront jamais détectés par ce type d'outils de mesure.

Une personnalité paradoxale : surefficiente et sensible

Finalement, c'est probablement l'observation des comportements qui fournit les meilleurs renseignements sur le fonctionnement cognitif et émotionnel des personnes à haut potentiel.

Souvent en décalage avec leur environnement et leurs collègues de travail, elles sont considérées comme très rapides et vives. Elles apportent des solutions originales à des problèmes que personne n'a encore identifiés. Leur besoin viscéral de tout comprendre leur donne un esprit critique aiguisé. Elles peuvent être perçues comme impatientes, hypersensibles ou perfectionnistes.

Au bureau, le haut potentiel est à la fois brillant et impertinent, volubile ou silencieux, râleur et capable de mettre le doigt sur ce qui fait mal. Il apparaît idéaliste et préoccupé par des sujets éloignés du quotidien. Il peut sembler anxieux par rapport à des situations qu'il vit dans l'entreprise et qui ne perturbent pas de manière visible les autres collaborateurs. Très exigeant envers lui-même, il l'est, par ricochet, aussi envers les autres. Il fait preuve d'un humour pas toujours bien compris.

L'entourage voit qu'il s'ennuie en réunion, dessine, traite ses mails. Pourtant, il ne perd rien de ce qui se dit. Il en sort souvent agacé. Pendant les heures écoulées, souvent sans prise de décision, il a le sentiment d'avoir perdu son temps et pris du retard dans son travail. Attachant, il aime les challenges. Il sait sortir du cadre lorsque c'est nécessaire et réussit à atteindre des objectifs jamais atteints. En tant que manager, il obtient de ses équipes ce qui semble impossible. Il n'a peur de rien.

Sa performance n'est pas toujours appréciée. Lui-même n'est pas toujours apprécié. Le « très » se transforme parfois en « trop ».

Une rapidité, une sensibilité et une fatigabilité hors normes

Ses cinq sens sont souvent exacerbés

Ce phénomène, l'hyperesthésie, se traduit par le fait de ressentir certains stimuli extérieurs plus fortement que la moyenne : bruits, odeurs, contacts tactiles, lumière, goûts… Cette acuité des sens ouvre la porte à des talents artistiques ou relationnels exceptionnels mais peut aussi affecter la perception des sensations douloureuses, vibratoires, thermiques ou tactiles. Dans ces cas, les sensations sont tellement intenses que les hauts potentiels sont agressés par ce que d'autres supportent plus facilement.

Ils sont, de manière générale, très sensibles à leur environnement professionnel. Leurs comportements, mal interprétés, agacent l'entourage.

Le haut potentiel est extrêmement rapide

Son rythme mental diffère de celui des autres. Il est effréné. Quand il se pense lent, il se voit qualifié de turbo. Cette dynamique impressionne et entraîne son entourage, mais peut aussi se révéler fatigante si le décalage de vitesse de réflexion et d'action est élevé.

Témoignage HP – Lionel, président-directeur général

« Ma plus grande satisfaction a été lors de la revente de la deuxième société que j'avais créée : la reconnaissance par les futurs acheteurs du travail accompli.

J'avais galéré pendant cinq ans à construire et à faire tourner une activité qui restait peu profitable. Or, les acheteurs, en voyant le résultat de ce travail, ont salué la réussite de l'entreprise me disant que j'avais construit en cinq ans ce que d'autres auraient mis plus de vingt-cinq ans à essayer de faire, sans forcément y parvenir.

Ces acheteurs étaient les leaders du secteur. Leur attitude a été la plus grande récompense possible pour mes équipes et moi. »

Son cerveau fonctionne de telle façon qu'il a parfois du mal à se faire comprendre. Il l'entraîne très vite d'une idée à l'autre, ou l'amène directement aux solutions d'un problème en sautant les étapes nécessaires à la compréhension. Ses digressions ne sont pas faciles à suivre pour ses collègues qui raisonnent de manière plus séquentielle. Lui-même perd aussi, parfois, le fil de son discours. Les solutions qu'il propose ont parfois du mal à être comprises et donc acceptées si elles ne sont pas accompagnées du chemin détaillé qui lui a permis de les construire. Or, ce chemin, il ne le connaît pas puisqu'elles lui sont apparues spontanément. Cela lui demande beaucoup d'efforts de le reconstituer. Ceux qui n'ont pas appris à le faire à l'école se retrouvent handicapés.

Quand il n'a pas conscience de ses particularités, les quiproquos sont fréquents. Il peut paraître arrogant car il s'agace de la lenteur de ses collègues, son équipe ou son manager. Impatient d'avancer, il lui arrive de penser que les autres font exprès de ne pas le comprendre.

Pour l'entreprise, l'avancée d'une équipe au même rythme est un gage de cohésion sociale.

Son cerveau travaille nuit et jour

Ses caractéristiques intellectuelles confèrent au haut potentiel une capacité à faire le lien très rapidement entre les différents éléments d'une situation. Il scanne à toute allure les données de tableaux chiffrés et repère les liens entre eux et les incohérences qui peuvent exister. Il ne sait pas s'arrêter. Son cerveau est en ébullition tant qu'il lui reste des problèmes à résoudre. Il ne connaît pas le bouton « off ». La solution ne vient que lorsqu'il a fini de faire les liens entre toutes les données du problème, le plus souvent durant la nuit, quand son cerveau s'est suffisamment reposé. En conséquence, dans un environnement où les sollicitations sont continuelles et multiples, il risque de s'épuiser.

Même les techniques éprouvées telles que la méditation, la sophrologie ou le yoga, qui se développent désormais en entreprise, s'avèrent insuffisantes pour calmer son activité cérébrale. Pour son entourage, son intelligence d'action détonne. La fatigue que représente un tel travail intellectuel est rarement prise en compte.

Doté d'empathie et d'intuition, il peut mal gérer ses émotions

Le haut potentiel ressent avec une grande acuité les émotions des autres. Cette empathie est un formidable outil de communication quand elle permet d'échanger en s'ajustant à l'autre. Elle génère de l'anxiété, quand les émotions perçues chez les autres sont négatives, comme la souffrance au travail. Pour ne pas paraître sensible – trait de caractère souvent assimilé à de la faiblesse dans le contexte de l'entreprise –, il arrive que le haut potentiel cache cette empathie.

Lui-même n'est pas linéaire. Il passe rapidement d'un sentiment à l'autre, souvent de façon extrême. Il s'habitue à retenir ses émotions faute de réussir à bien les exprimer. Pourtant, s'il les retient trop longtemps, il explose.

Son attitude perturbe. Certains désapprouvent ce comportement excessif et trouvent qu'il exagère. Il arrive qu'il ne soit pas pris au sérieux même si ce qu'il exprime est légitime. Il peut être considéré comme immature, voire, dans les cas extrêmes, bipolaire.

Témoignage manager de HP – Jeanne, présidente-directrice générale

« Elle manque d'empathie. Tout le monde ne réussit pas aussi bien qu'elle, elle devrait pouvoir le comprendre et se mettre à la portée des autres. En plus, elle manque de maturité émotionnelle. »

Les hauts potentiels possèdent une puissante intuition. Formés, voire déformés à utiliser PowerPoint et Excel, ils n'en ont presque plus besoin pour prendre des décisions quand ils acquièrent de l'expérience. Ce qui les guide, c'est leur intuition, qui est la sédimentation de toutes leurs expériences passées. Elle les pousse à agir dans la bonne direction. Ils utilisent leur mémoire de travail pour réagir à leur environnement, et ce de manière instinctive.

S'ils sentent qu'il faut sortir du cadre habituel pour réaliser les objectifs qui leur ont été attribués, ils peuvent aller à l'encontre des procédures établies. Si cela leur est ensuite reproché, ils se sentiront heurtés. Pour eux, sortir des règles en vigueur aura permis, avant tout, de faire réussir l'entreprise.

Témoignage HP – Soline, directrice générale

« Je tiens toujours les raisonnements rationnels et structurés qu'on attend de moi. Je suis considérée comme hyper analytique. Mais, au fond de moi, je sais que toutes mes bonnes décisions ont été prises grâce à mon intuition. Chaque fois que j'ai privilégié des éléments rationnels pour décider, je m'en suis mordu les doigts. »

C'est en un « super capteur »

Le haut potentiel est plus sensible que les autres à ce qui se passe autour de lui : les sensations, les émotions, les mots utilisés dans une conversation. La sollicitation de ses sens dans un environnement de travail est parfois très élevée. Dans un contexte bruyant, il peut mal distinguer le discours de son interlocuteur. Il doit se concentrer pour suivre, ce qui l'épuise. Il peut être gêné pour travailler face à une source lumineuse générant des éblouissements, pouvant aller jusqu'à la migraine ophtalmique. *A contrario*, le manque de lumière agit sérieusement sur son moral. Captant les émotions des autres, il les intègre spontanément dans ses prises de décision. Il peut lui arriver d'en absorber une partie.

Enfin, il attache de l'importance aux mots utilisés par son entourage et en saisit toutes les nuances. Cela lui joue régulièrement des tours, car les nuances saisies ne correspondent pas toujours aux intentions qu'il prête à leur émetteur.

Témoignage manager de HP – Thierry, Chief Internet Officer

« Il m'est arrivé d'avoir des réunions surréalistes. Ma collaboratrice, pourtant très "smart", bloquait et surréagissait sur des paroles ou des points de détail qui n'avaient aucune importance. J'ai pris l'habitude de la rassurer, la laisser s'exprimer et l'aider à gérer sa frustration. »

Le haut potentiel perçoit spontanément des choses que personne d'autre ne voit. Il n'en est, d'ailleurs, pas toujours conscient. En réunion, il peut, face à une situation exposée, pointer un problème majeur qu'aucun autre participant n'a identifié. De même, il apporte des solutions qui prennent en compte des éléments auxquels les autres ne pensent pas. Hélas, il est souvent maladroit dans la manière de le signaler.

Son enjeu est de réussir à partager ses idées sous la forme qui convient pour qu'elles soient écoutées et comprises et celui de son manager, de l'y aider.

Témoignage de DRH – Jacques

« Leur communication est tellement spontanée qu'elle en devient parfois brutale. Quand je le constate en réunion, je décrypte avec eux ce qu'ils auraient pu faire autrement en leur donnant des exemples factuels pour les aider à progresser.

Je suis stupéfait par leur capacité à se remettre en cause. Ils savent tirer des enseignements des feed-backs et progresser. »

Visant l'excellence, entier, il a du mal à lâcher prise

Il met la barre excessivement haut

Il vise l'excellence dans tout ce qu'il entreprend, pour se donner – ainsi qu'à ses équipes s'il est en situation d'encadrement – un rêve à accomplir. Il ne pense pas être perfectionniste ; à ses yeux, la perfection est inatteignable. D'ailleurs, ne pas l'atteindre n'est pas important tant il éprouve de plaisir à améliorer les choses.

Témoignage HP – Charlotte, Managing Director

« J'ai eu une collaboratrice créative, compétente et engagée. C'était une excellente manager. Nous nous entendions à merveille, sauf pendant son entretien annuel d'évaluation. Les documents que nous avions à remplir étaient très scolaires. Si cela avait été mon entreprise, je n'aurais jamais imposé ce supplice à mes collaborateurs. Évaluer quelqu'un avec ces outils était infantilisant. Insupportable. Elle et moi devions noter ses comportements, vaguement liés à des compétences. La note maximum correspondait à la perfection. Je la lui mettais régulièrement, mais jamais sur tout. Le seul intérêt de l'exercice me semblait être d'échanger sur les zones de progrès.

Elle se mettait des notes maximales partout et vivait mal le fait que je ne fasse pas pareil. Elle prenait mes "très bien" pour des sanctions.

Je n'ai pas changé mes pratiques car cela ne me semblait pas juste vis-à-vis de mes autres collaborateurs. Je crois qu'elle a compris et ne m'en veut plus. »

Ce qui donne lieu à des malentendus avec le haut potentiel, c'est que faire toujours mieux est un plaisir. Du coup, les autres trouvent qu'il pinaille sur des détails. Ils peuvent aussi se décourager s'ils jugent qu'il met la barre trop haut.

Le haut potentiel ne supporte pas de rendre un travail qui lui semble bâclé, même s'il convient à son manager. Les référentiels étant différents, il est fréquent, quand la rapidité prime sur la qualité du résultat, qu'il soit frustré de devoir s'arrêter à un niveau qui ne lui convient pas.

Témoignage manager de HP – Marc, DSI

« Il faut souvent aider les jeunes ingénieurs qui vont vite à s'arrêter. Cela les frustre, mais dans l'entreprise, on ne cherche pas le plaisir intellectuel, mais une solution efficace à un problème donné. »

Il apprend à vitesse accélérée

Il apprend très vite quel que soit le sujet. En peu de temps, il intègre des choses nouvelles sans s'en rendre compte. Pour cette raison, des projets complexes lui sont confiés, qu'il prend plaisir à faire aboutir dans un délai record. Il est tout le temps « à fond ». Sa logique d'apprentissage n'est pas toujours comprise.

Témoignages HP – Yann, support administratif, commercial et juridique zone export

« Bien que THPI, ma scolarité a été difficile, j'ai fini par obtenir un baccalauréat technique. Depuis, j'ai exercé une multitude de métiers tels que prostitué, télévendeur, aide-soignant, communicant en entreprise, écrivain public, thérapeute manuel (shiatsu, relaxation...). Aujourd'hui, j'interviens sur les processus d'une entreprise internationale. En parallèle, je finis des études de psychologie. Ce parcours semble chaotique, mais ne l'est pas. Je me suis toujours dédié à l'amélioration du bien-être et de la communication d'autrui.

Plus tard, je compte monter une activité de soin aux personnes, physique et psychologique. Le corps ne peut pas correctement fonctionner sans l'esprit et vice versa. Je pense exercer dans les environnements dans lesquels je ressens beaucoup de souffrance, comme les entreprises. »

Mettre le haut potentiel en position d'apprentissage lui donne de l'énergie. Plus il apprend, plus il est heureux et performant. Il peut être tentant d'exploiter sa capacité de travail en lui donnant « plus de la même chose », en espérant ainsi bénéficier des économies de masse salariale générées par un collaborateur qui abat à lui seul ce que font normalement plusieurs personnes. Cela ne tient pas sur la durée car, s'il n'apprend plus rien, il s'ennuie et dépérit ou devient insatisfait et agressif.

Il aime les challenges et s'implique beaucoup, parfois trop

Le haut potentiel a besoin de se dépasser en permanence. Il se fixe tout seul des objectifs qui vont bien au-delà de ce qui lui est demandé. Il n'accepte ceux qui lui sont imposés que s'il les trouve cohérents et s'ils représentent un challenge intéressant. Mieux vaut le responsabiliser dans sa fixation d'objectifs car, généralement, quand il le fait lui-même, il les atteint ou les dépasse.

Témoignage HP – Lionel, président-directeur général

« Dans la famille on a toujours été autodidactes. Il y a eu des fermiers, puis des entrepreneurs. Je suis le deuxième à avoir eu le bac, et le premier à avoir fait des études supérieures.

J'ai bien fonctionné à l'école, au collège, puis au lycée j'ai découvert les filles et j'ai "lâché l'affaire". J'ai redoublé ma première malgré des notes exceptionnelles au bac de français. Les professeurs m'ont fait redoubler car je ne travaillais pas du tout. Ma famille m'a alors mise dans une "boîte à bac", ce qui m'a forcé à obtenir le baccalauréat avec mention.

Inscrit en faculté de droit, j'avais une petite amie qui était courtisée par un type qui était à Sciences Po. Cela m'a agacé, alors j'ai passé aussi le concours de Sciences Po, que j'ai réussi. Cette réaction d'amour propre, qui témoignait d'une profonde immaturité, m'a beaucoup aidé dans la suite de ma carrière. »

Il s'engage beaucoup, voire trop. Loyal et franc, il est généralement prêt à rendre service à ceux qui en ont besoin. Dans un environnement auquel il trouve du sens et qui lui confie des responsabilités à la hauteur de ses talents, il est d'un engagement total. C'est alors un ambassadeur de choix pour son manager ou pour sa société.

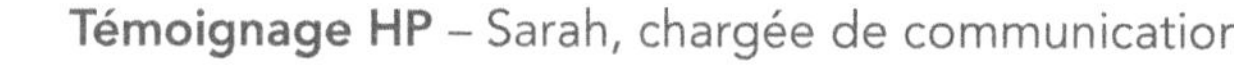

Témoignage HP – Sarah, chargée de communication

« Quand je suis bien dans un travail, cela peut devenir ma vie. Je m'y investis énormément. »

Son manager peut abuser de cet engagement. Le haut potentiel ne connaît pas ses limites et refuse rarement les challenges ou des missions supplémentaires. *A contrario,* il se désinvestit dès qu'il a l'impression d'être trahi ou bien si les valeurs de l'entreprise ne lui conviennent pas.

Manager, il fait preuve d'un style de leadership particulier

Le haut potentiel peut être un grand leader

Lorsqu'il atteint des fonctions élevées, le haut potentiel devient souvent un grand leader grâce au niveau d'empathie et d'engagement qu'il suscite chez ses interlocuteurs. Par sa capacité à s'entourer de personnalités talentueuses et à jouer sur la complémentarité des profils, il compose et anime des équipes performantes. Il a une vision claire de la direction où aller. Il inspire, donne envie. Son sens des responsabilités, son indépendance d'esprit et sa curiosité stimulent l'apprentissage et permettent à chacun à se dépasser. Il accompagne ses collaborateurs dans la réalisation de leurs objectifs et les encourage individuellement et collectivement à faire toujours mieux.

Témoignage équipe HP – Félicie, chef de publicité

« Cette dirigeante respire le sens et l'engagement. Elle nous touche. On a envie de la suivre et de l'aider à réussir. »

Il développe souvent une relation forte avec quelques personnes de ses équipes, notamment celles qui fonctionnent comme lui. Il les stimule, les fait grandir et les protège quand cela est nécessaire vis-à-vis de l'extérieur. Il cherche à développer leur potentiel au maximum et à les promouvoir, même si cela implique qu'ils quittent son équipe, le moment venu.

Témoignages

HP – Soline, directrice générale

« À partir du moment où l'on me confie une équipe, je fais mon maximum pour qu'elle réussisse. J'identifie les moteurs et les freins de chacun et j'adapte mon style de management à chaque personnalité. J'adopte davantage une posture de "coach" que celle d'un manager traditionnel, je donne régulièrement des challenges et j'encourage tout le monde à se dépasser. »

Équipe de Soline – Élisa, directrice générale adjointe

« Ma boss est fiable et a une approche très humaine. On a envie de la suivre, car elle donne une vision. Comme elle ne supporte pas l'échec, elle fait tout ce qu'elle peut pour que nous réussissions. Elle travaille

> beaucoup. Elle est sincère et directe dans sa manière de régler les problèmes. Elle est intelligente et a de l'humour. Elle sait utiliser ses émotions pour convaincre. Elle a du courage. Elle est toujours ouverte aux avis des autres. »

Comme le haut potentiel redoute l'échec, il prévoit tout pour l'éviter, ce qui peut aboutir à trop de contrôle ou de pression sur ses équipes dans des moments de stress.

Il lui est par ailleurs difficile d'accepter que des collaborateurs s'investissent peu dans leur travail ou qu'ils n'aient pas le niveau de compétences que leur poste nécessite et ne fassent rien pour l'avoir. Il trouve cela injuste de devoir faire porter une charge de travail supplémentaire au reste de l'équipe, pour compenser l'incompétence de leurs collègues.

Ses équipes soit l'admirent et ont envie de le suivre, soit le trouvent trop exigeant et peuvent en avoir assez de toujours devoir courir.

Il peut aussi être un très mauvais manager

Il lui arrive d'épuiser son entourage en demandant toujours plus, de ne pas savoir déléguer ou d'oublier de remercier ses collaborateurs. Il considère normal le travail bien fait et peut omettre d'envoyer les signes de reconnaissance que des collaborateurs attendent légitimement après avoir réalisé d'excellentes performances.

Côté délégation, c'est tout ou rien. S'il a confiance en ses collaborateurs, il délègue et les responsabilise complètement. En revanche, il y arrive difficilement avec des personnes beaucoup plus lentes que lui ou qui, en cas de difficultés, les lui cachent. Il a alors tendance à s'en méfier et à tout contrôler pour éviter les erreurs, avec le risque de basculer dans le micro-management.

Enfin, si sa tendance à signaler spontanément ce qui ne va pas pour l'améliorer ne pose pas de problèmes aux personnes focalisées avant tout sur l'efficacité, elle décourage celles qui ont besoin de récompenses régulières pour avancer.

Témoignages

HP – Teresa, directrice de Business Unit

« Quand je suis fatiguée, j'ai beaucoup de mal à supporter la lenteur, les erreurs et les gens qui refusent d'évoluer. Je peux devenir très directive. Je me dis ensuite que j'aurais mieux fait de repousser un certain nombre de réunions plutôt que de les gérer dans un état qui n'était pas propice au travail collectif. »

Équipe de Teresa – Bruno, contrôleur de gestion

« Ma chef est intelligente et rapide, mais parfois aussi froide et dure. Il faudrait qu'elle accepte l'idée que certains collaborateurs aient moins de compétences qu'elle ou un investissement plus limité que le sien. Tout le monde n'a pas envie de passer sa vie à faire gagner de l'argent à son entreprise. »

Comment une intelligence de haut niveau conduit à l'échec

Comme pour toute chose, même la meilleure, lorsqu'une certaine limite est dépassée, le mieux est l'ennemi du bien. En termes de leadership, l'abus d'intelligence peut devenir « dangereux pour la santé ». Certaines études laissent penser que la qualité du leadership progresse au même rythme que l'intelligence du leader, jusqu'à un certain point. Ensuite, ce qui était positif devient destructeur.
Tout dépend du leader, tout dépend du contexte. Il est certain que, pour réussir avec des hauts potentiels, il est nécessaire de régulièrement les tempérer, les inciter à être moins absolus, moins excessifs.

Témoignage manager de HP – Thierry, Chief Digital Officer

« Cela ne m'a jamais gêné d'avoir des gens plus intelligents que moi dans mon équipe. Au contraire, c'est stimulant. Ce qui est difficile, c'est de gérer leur attitude parfois immature lorsqu'ils sont frustrés. De nombreux sujets les énervent car ils veulent que cela aille plus vite et plus loin.

Je les laisse s'exprimer, veillant à ne jamais aller au conflit, mais en sachant poser des limites. Je leur rappelle alors l'économie générale de l'entreprise et le fait qu'on ne peut pas toujours tout changer tout de suite. »

Ce sont généralement des personnes à l'écoute, capables de tenir compte des conseils.

Des relations parfois difficiles avec ses collègues ou ses managers

Il a des soucis pour comprendre et se faire comprendre

Le haut potentiel qui capte les émotions des autres est désarçonné quand le discours de ses interlocuteurs n'est pas en phase avec ce qu'ils expriment par d'autres canaux que les mots. Il saisit mal la pensée implicite. À cheval sur le vocabulaire, il prend pour argent comptant ce qui lui est dit. Il a parfois l'impression de ne pas parler la même langue que ses interlocuteurs.

Témoignage HP – Paul, responsable Méthodes

« Je ne comprends pas l'implicite. Je vois que c'est implicite, mais comme ce n'est pas clair pour moi, je n'en tiens pas compte. »

S'il peut donner l'impression de ne pas écouter les autres, il entend tout et même ce qui n'a pas encore été dit. C'est pour cela qu'il coupe parfois la parole et finit les phrases des autres. Cela n'est pas toujours apprécié.

Dans sa recherche d'efficacité, il simplifie les processus de travail et rend cohérent ce qui ne l'est pas. Il ne peut s'empêcher de corriger et d'améliorer. C'est compulsif.

Sa créativité sans limite le conduit à résoudre des problèmes complexes. Cependant, malgré son intelligence, il peut avoir du mal à expliquer ses idées, ses solutions. Son entourage peut le trouver compliqué et s'agacer de le voir contester un système que tout le monde a jusqu'alors supporté.

À quoi bon, dans ce cas, proposer des idées ou solutions ? Les plus persévérants s'acharnent à essayer de les faire aboutir mais la plupart renoncent.

Témoignage HP – Brigitte, Supply Chain Manager

« Au début de ma prise de poste, je remarquais des bugs dans le système informatique qui faussaient quantitativement et financièrement les commandes internes. Après l'avoir signalé à plusieurs reprises, ma responsable m'a fait remarquer que personne n'avait jamais rien fait remonter alors que l'équipe travaillait depuis des années avec ces outils. Selon elle, j'"ensorcelais le système" et mes signalements posaient un problème.

Elle a fini par me mettre en relation avec un membre de la direction informatique. Nous avons passé plusieurs jours à faire du "débogage" pour le plus grand bien de toute l'équipe. »

Enfin, quand les autres n'arrivent pas à le suivre, le haut potentiel est frustré. Il a l'impression de faire énormément d'efforts pour se faire comprendre mais que l'inverse n'est pas vrai. Souvent, il se trompe car les autres font aussi des efforts.

Témoignage HP – Alain, directeur de formation

« Je sens tout de suite si je vais m'entendre avec mes collègues ou pas. C'est un peu du tout ou rien. Quand je dois travailler avec quelqu'un avec qui je ne m'entends pas, j'essaie d'être diplomate et de m'adapter. Mais quand cela ne passe vraiment pas, je finis toujours par avoir des problèmes. »

Ces difficultés relationnelles peuvent nuire à la progression de sa carrière sauf s'il a eu la chance de parvenir, directement ou très vite, au sommet, et ce grâce à la renommée de la « Grande École » dans laquelle il a fait ses études et au réseau qu'il s'est ainsi constitué. Généralement, pour l'entreprise, ces éléments compensent le côté non rassurant d'une personnalité atypique. Une fois parvenu en haut de la hiérarchie, l'indulgence à son égard devient plus grande car les autres font plus d'efforts pour s'adapter à lui.

Il peut manquer de sens politique

La communication du haut potentiel est brute, parfois brutale. *A priori*, le sens politique n'est pas son fort et il n'est pas à l'aise pour progresser dans les organisations quand il s'agit uniquement de faire la course au pouvoir et à l'argent.

Certains sont désavantagés par le nécessaire « jeu collectif » en vigueur dans l'entreprise. Il s'agit de ceux qui ont été mis de côté pendant leur scolarité par leurs camarades de classe qui les trouvaient « trop ci » ou « trop ça ». Ils n'ont pas toujours eu l'occasion de s'intégrer dans les jeux collectifs. Ce n'est pas qu'ils ne veulent pas, car ils aiment travailler avec les autres, c'est qu'ils ne savent pas comment faire.

A contrario, ceux qui ont compris les règles du jeu politique les manient à la perfection. Ils deviennent présidents des plus grandes puissances mondiales.

De l'entreprise pro-carriériste à l'entreprise libérée

En 1977, l'auteur américaine Betty Lehan Harragan[1] décrypte l'entreprise pour les femmes qui veulent faire évoluer leur carrière.

Bâties par des hommes pour des hommes et sur les repères acquis depuis leur enfance jusqu'au service militaire, les entreprises ont pour objectifs le pouvoir et l'argent. Leur organigramme ressemble à celui d'une armée : niveaux hiérarchiques, définitions de postes, missions précises. On obéit aux ordres.

---

1. Betty Lehan Harragan, *Games your mother never taught you, corporate games man ship for women*, Warner Books, 1977.

C'est l'« organisation Rouge », court-termiste et réactive, décrite par Frédéric Laloux dans Reinventing Organizations[1]. Le chef garde ses troupes dans le rang. La peur cimente l'organisation. On respecte son supérieur et on fait preuve de sens politique.

Les règles du jeu s'apparentent à celles d'un sport collectif. Connaître le sport préféré du patron est utile pour obtenir des promotions.

Les entreprises ont évolué. Désormais, dans le « stade Orange », où l'enjeu est la croissance et le profit, elles prônent le management par objectifs. Le chef décide et les équipes ont le choix du comment faire. Certaines intègrent la diversité, assouplissent leurs modes de fonctionnement et innovent dans leurs méthodes managériales. Elles entrent alors dans le « stade évolutif Opale », celui des entreprises libérées.

1. Frédéric Laloux, *Réinventing organizations, vers des communautés de travail inspirées*, Diateino, 2014.

Il rêve d'un monde parfait, alors que tout semble lui réussir

Pour le haut potentiel, idéaliste, tout devrait être porteur de sens, cohérent et juste. Il s'attache, dans sa vie quotidienne et professionnelle, à se rapprocher de ce monde parfait. Pour ce faire, il crée et améliore en permanence son environnement. Comme Steven Spielberg, il pourrait dire : « Je ne rêve pas la nuit, je rêve le jour, je rêve toute la journée ; je rêve pour vivre. »

Quand ses critères de justice et de cohérence ne sont pas respectés, il se bloque et peut se braquer de manière irrémédiable.

Témoignages HP

Yann, support administratif, commercial et juridique zone export

« Si mon travail dépend du travail de quelqu'un d'autre, et que celui-ci ne fait pas sa part, ça m'est insupportable. »

Teresa, directrice générale

« Le DRH a malencontreusement envoyé le fichier des salaires de tous à un petit groupe de personnes dont je faisais partie. Curieuse, j'ai regardé comment je me positionnais par rapport aux autres personnes occupant les mêmes postes que le mien. Mon sang s'est glacé. Mon salaire était de 30 % inférieur à celui des autres. J'étais la seule femme du Comex.

J'adorais mon travail, mais ce n'était plus possible d'apporter mes compétences à une entreprise qui ne traitait pas de la même manière les hommes et les femmes. C'était insupportable. »

Son entourage s'étonne de le voir trouver le monde injuste, lui qui réussit presque tout et a souvent atteint très jeune une position que d'autres n'atteindront jamais.

Il respecte la hiérarchie mais a besoin d'autonomie

Le haut potentiel est très attaché à sa liberté mais celle-ci doit s'assortir de responsabilités. Quand il trouve cohérent ce qui est attendu de lui, il est engagé et fiable, s'automanage, se met lui-même la pression et avance vite et bien de manière autonome dans la direction demandée. La confiance de son manager en fait un précieux coéquipier qui délivre des résultats sans consommer de temps managérial.

Témoignage manager de HP – Laurent, président

« Elle me fait penser à un diamant brut. Avec elle, j'ai lâché mon ego habituel de manager. Je ne prends jamais ses remarques comme des critiques et me concentre sur l'aider à gagner en maturité pour qu'elle exprime pleinement ses talents. »

A contrario, travailler avec un manager qui se comporte en « petit chef » et s'impose autrement que par sa compétence est un enfer pour un haut potentiel. Avec ce type de personnes, le risque de harcèlement moral n'est jamais loin. La ségrégation négative par laquelle certains cadres écartent leurs collaborateurs les plus talentueux pour garder leur statut de leader est un phénomène courant.

Le haut potentiel est souvent considéré comme incapable de supporter la hiérarchie. C'est faux : la plupart la respecte. Il peut, en revanche, avoir des difficultés à communiquer avec un responsable qui ne fonctionne pas comme lui. Il a besoin d'un « décodeur ».

Témoignages HP – Bénédicte, coach

« Recrutée par un manager parce que j'avais fait HEC – ce qui le valorisait –, il s'est ensuite débrouillé pour que je ne sois jamais acceptée par son équipe.

Nous avions un souci de communication. Quand il me demandait mon avis sur des dossiers, je le lui donnais, en formulant des critiques – pour moi constructives – afin de lui apporter une valeur ajoutée, croyant que c'est ce qu'il souhaitait. En fait, j'ai compris qu'il n'attendait que des compliments.

Il ne supportait pas la moindre remarque, même celle qui l'aidait à progresser et il m'a fait payer ma franchise. »

S'il lui est difficile d'obéir à des demandes inopérantes ou contraires à ses valeurs, il lui arrive aussi, par empathie pour son manager, de jouer le « bon soldat » et de chercher toutes les solutions possibles pour le satisfaire.

Témoignage HP – Teresa, directrice générale

« Mon équipe était la plus performante de l'entreprise. Pour la troisième fois, comme il manquait de l'argent ailleurs, ma responsable remontait ses exigences budgétaires sur mon équipe. Elle avait besoin de sécuriser ses *reforecasts*[1] pour calmer ses supérieurs. Désespérée, je me

1. Révisions budgétaires trimestrielles.

demandais comment faire passer la pilule à mes collaborateurs qui s'investissaient déjà énormément.

Lors d'un Codir, je leur ai expliqué la situation sincèrement, sans cacher l'absurdité que je ressentais. Ensemble, nous avons décidé de jouer le jeu. Nous avons monté une réunion générale digne d'une scène d'un film des Monty Python, pour solliciter des idées créatives et lucratives auprès de tous. Cette mobilisation d'intelligence collective a donné d'excellents résultats.

Cette demande qui n'avait pas de sens est devenue une occasion de rire, de plaisir partagé et d'énergie créative. »

Il sait rester authentique dans des contextes absurdes et innover sous contrainte.

Faut pas prendre les hauts potentiels pour des vilains petits canards

Les malentendus sont fréquents entre le haut potentiel et son environnement de travail[1].

Ce que l'environnement de travail remarque	Ce que le haut potentiel ressent
Des conflits avec l'autorité	Je ne supporte pas l'incohérence et l'injustice
N'écoute pas les autres	J'ai compris mais n'arrive pas à me faire comprendre
Attitudes difficiles à comprendre : qu'est-ce qui se cache derrière tout cela ?	Apparemment, je représente une menace pour mes collègues, voire mon boss
Agit toujours différemment des autres : est-ce de la provocation ?	Pourquoi veulent-ils me faire rentrer dans ce moule ? Cela n'a pas de sens

1. Tableau inspiré d'une étude présentée lors d'une conférence internationale des spécialistes RH (Amsterdam, 11 octobre 2006) par F. Corten, coach RH, N. Nauta, médecin du travail et S. Ronner, psychologue, coach et médiateur.

Ce que l'environnement de travail remarque	Ce que le haut potentiel ressent
Va trop vite, ne sait pas s'adapter au rythme des autres en réunion	Pourquoi va-t-on aussi lentement et revient-on toujours en arrière ?
Manque de persévérance et de discipline	Difficile de s'impliquer dans quelque chose d'aussi inintéressant. Je me laisse facilement distraire
Pas facile à approcher, parfois asocial	Je n'aime pas me mettre en avant et ne suis pas à l'aise dans les conversations de groupe
Impossible d'arriver à déterminer le poste où le mettre. Il s'intéresse à trop de choses différentes	Pourquoi ne comprend-on pas que je peux bien faire plein de choses différentes ?
N'arrête pas de se plaindre de son environnement de travail	Comment est-ce possible de travailler dans un tel bruit ?
Manque de respect en réunion, dessine ou regarde son téléphone	Je m'ennuie, je perds mon temps
Embête tout le monde à pointer les problèmes	Encore un problème à résoudre. Je peux aider
Il veut ma place ?	Il n'y arrive pas tout seul. Je veux l'aider pour que nous réussissions ensemble
Il est trop compliqué. Ses idées sont irréalistes	Qu'est-ce qu'il ne comprend pas ? Cela me semble facile pourtant !

En bref

S'il se révèle scientifiquement par des tests, le haut potentiel peut aussi se repérer par des comportements spécifiques. Il fait preuve d'intelligence et d'intuition. C'est une personne au fonctionnement différent, qui a souvent besoin de « plus » que les autres : de responsabilités, d'autonomie, de challenges, de liberté. Qui apporte aussi à son organisation de l'engagement, des solutions et une immense capacité de travail.

Pourtant, le quotidien du haut potentiel dans son environnement professionnel peut se traduire par une confrontation permanente de points de vue, des interactions complexes ou de fréquents malentendus avec son entourage.

Décrypter ces comportements qui agacent quand ils ne sont pas compris dresse la voie, pour tous, d'une collaboration constructive.

Chapitre 3

DES CARACTÉRISTIQUES QUI PEUVENT DEVENIR DES FRAGILITÉS

« Qui veut voyager loin ménage sa monture. »

RACINE

On les pense comblés, eux essaient juste d'apprivoiser leur étrange différence. La vie des hauts potentiels en entreprise n'est pas toujours un long fleuve tranquille. Pour être bien dans leur travail, ils ont un besoin très fort d'être « nourris », à la fois socialement et intellectuellement.

Le psychiatre Gabriel Wahl précise ce besoin vital d'avoir une vie professionnelle, sociale et familiale épanouie : « Une existence vide de sens ou de projets s'accompagne rarement d'un sentiment de bien-être. C'est probablement vrai pour tous [...] Leur bien-être semble dépendre intensément de leur vie sociale et ils se satisfont moins d'une vie de famille épanouie s'ils ne peuvent connaître aussi un engagement professionnel accompli. L'hypothèse qui vient à l'esprit est que les adultes surdoués disposant de plus de capacités cognitives souhaitent ne pas les laisser dans l'ombre ; mais s'ajoute peut-être une perméabilité plus douloureuse à la fadeur[1]. »

Être nourri, ce n'est pas forcément avoir un périmètre qui s'élargit. C'est encore moins faire beaucoup plus de la même chose au point de ne plus avoir le temps de prendre du recul. Ce qui est vital pour le haut potentiel, c'est d'appréhender des situations nouvelles, complexes, variées, d'entretenir des relations humaines enrichissantes et de libérer sa créativité en créant ou en construisant. C'est aussi d'avoir un rôle qui a de l'impact.

1. Gabriel Wahl, *Les Adultes surdoués*, PUF, coll. « Que sais-je ? », 1977.

Identifier ces besoins du haut potentiel, comprendre ses forces mais connaître aussi sa vulnérabilité et prendre conscience des situations à risque permet à son manager de l'aider à apporter une valeur ajoutée forte et durable dans une équipe.

Le tempérament du haut potentiel lui joue des tours dans l'entreprise

Un sens des responsabilités parfois excessif

Sa sensibilité et sa capacité à voir des choses que les autres ne voient pas piègent régulièrement le haut potentiel. Quand il perçoit un risque ou un problème et que celui-ci impacte son entourage, il lui arrive de s'en sentir responsable. Il mobilise alors toute son énergie pour le résoudre, parfois brutalement, souvent maladroitement, et ce sans avoir vérifié au préalable si ses interlocuteurs avaient réellement envie d'y apporter une solution.

Il empiète alors sur le champ de responsabilité des autres et sur leur libre arbitre. Il peut infantiliser son entourage et adopter une posture que lui-même ne supporterait jamais de la part des autres.

Ce sentiment de grande responsabilité, qui traduit une crainte de faire face à son impuissance, n'est cependant pas l'apanage du haut potentiel.

Témoignage de manager HP – Charlotte, Managing Director

« J'ai reçu en entretien une collaboratrice brillante, à la suite d'un "clash" avec son manager. Au-delà des frictions avec sa chef qui n'arrivait pas à se positionner correctement avec elle, j'ai découvert qu'elle était débordée à force de faire siens les problèmes des autres.

Elle m'a parlé de son travail, de celui du reste de l'équipe qui n'était pas fait et qu'elle terminait, de l'entreprise de son père qu'elle devait gérer après son décès (elle avait trois frères…) et même des affaires de son mari.

J'ai tenté de lui faire comprendre qu'elle gagnerait à se concentrer uniquement sur ses sujets à elle et de laisser les autres s'occuper des leurs. »

Un rapport paradoxal à l'argent qui comporte des risques

S'il n'y a pas de spécificité du haut potentiel dans le rapport avec l'argent, il a, en revanche, comme à son habitude, des réactions exacerbées. S'il pense que l'argent est une source d'injustice, il préférera être injuste avec lui-même plutôt que considéré comme injuste par les autres. Il peut ne pas réussir à se vendre à sa juste valeur lors d'un processus de recrutement et avoir du mal ensuite à réclamer une augmentation, même si elle est amplement méritée. Cependant, son sens de la justice le fera partir s'il réalise qu'on profite de lui. *A contrario*, celui qui gagne beaucoup d'argent peut tomber dans le piège de se survaloriser et basculer très vite dans le narcissisme.

Il est donc essentiel, pour bien fonctionner avec lui, d'être équitable en matière de salaire et d'expliquer les écarts de rémunération lorsqu'ils existent.

Témoignage de DRH – Jacques

« J'ai vu passer pour validation deux demandes d'augmentation. Une importante pour quelqu'un dont on réduisait le périmètre et une, bien modeste, pour le jeune cadre super performant qui récupérait l'équipe de l'autre. Je suis intervenu auprès du CEO pour qu'il soit équitable.

Les propositions venaient du manager des deux personnes, qui voulait "faire passer la pilule" au premier. Il considérait que le plus jeune gagnait suffisamment bien sa vie pour son âge et qu'il n'était pas nécessaire d'en rajouter. Le CEO m'a écouté et a fini par donner à chacun une augmentation équivalente. »

Le haut potentiel peut croire qu'il faut souffrir pour mériter son salaire. Comme il obtient des résultats sans efforts lorsqu'il est dans sa zone de talents, il accorde peu de valeur à ses réalisations et bascule alors dans le syndrome de l'imposteur. Pour justifier sa place, il en fait toujours plus et provoque l'inverse de ce qu'il souhaite. Il accroît le risque de se faire mal voir de ses collègues de travail, alors que, s'il en faisait moins, il se rapprocherait du niveau d'investissement des autres et faciliterait son intégration.

Le manager peut alors le rassurer sur la qualité de ses réalisations et le tempérer sur le niveau de résultat attendu.

Une culpabilisation vis-à-vis de sa réussite qui peut être nocive

« Suis-je à ma place ? » Voici une question classique pour quiconque doute régulièrement de ses compétences. S'il progresse plus vite que les autres, le haut potentiel peut culpabiliser d'être arrivé à cette place, face à la jalousie que cela suscite.

Témoignage HP – Soline, directrice générale

« Quand j'ai commencé à travailler, je suis devenue rapidement le bras droit du fondateur de l'entreprise. Mes collègues m'en voulaient terriblement. Malgré le fait que mes résultats étaient très supérieurs à ceux du reste de l'équipe, j'avais le sentiment de ne pas mériter une évolution aussi rapide.

Quelques années après, en réalisant que ceux-ci avaient sauvé l'entreprise du dépôt de bilan, j'ai compris que ma promotion était légitime. »

Le doute est sain, mais s'il devient trop fréquent, il le conduit à une excessive humilité, voire à une faible estime de lui-même. Le haut potentiel devient alors une proie facile pour les personnes toxiques ou perverses. Il les attire.

Des stratégies de protection parfois dangereuses

L'autolimitation, une stratégie d'adaptation

Pour entrer en relation avec les autres, les hauts potentiels s'adaptent, espérant ainsi s'intégrer. Souvent, cela les amène à s'autolimiter. Selon le type d'entreprise ou d'équipe dans lequel ils arrivent, l'adaptation est plus ou moins forte. Quand le haut potentiel met tout son talent à s'autolimiter, cela génère fatigue, agressivité, rêverie ou mutisme. Il peut même avoir des comportements autodestructeurs.

Témoignage HP – Teresa, directrice générale

« Pour ne pas irriter mon manager, je suis obligée de me ralentir tout le temps. Il ne supporte pas qu'en public je réponde à une question avant lui. Il n'aime pas non plus me voir prendre des notes directement sur mon ordinateur en réunion. J'ai l'impression de rouler avec le frein à main en permanence. »

Pourtant, Khalil Gibran, dans l'œuvre qui l'a rendu mondialement célèbre, *Le Prophète*, souligne que s'autolimiter n'a jamais aidé les autres à aller plus vite : « Vous êtes bons lorsque vous marchez fermement vers votre but, d'un pas intrépide. Pourtant vous n'êtes pas mauvais quand vous y allez en boitant. Même ceux qui boitent ne vont pas en arrière. Mais vous qui êtes forts et rapides, gardez-vous de boiter devant les estropiés, croyant être bienveillants. Vous êtes bons dans d'innombrables chemins et vous n'êtes pas nécessairement mauvais lorsque vous n'êtes pas bons, vous ne faites que flâner et paresser. Quelle pitié que les cerfs ne puissent apprendre la rapidité aux tortues[1]. »

1. Khalil Gibran, *Le Prophète* [1923], Casterman, 1993.

La procrastination, un moyen de mise à distance ?

Certains ont l'art de faire au dernier moment ce qui pourrait être anticipé. La procrastination est loin d'être réservée aux hauts potentiels et tous n'y ont pas recours. Cependant, quand il décide de procrastiner, le haut potentiel ne le fait pas à moitié.

Pourquoi ? Les raisons sont multiples : l'ennui provoqué par la tâche à accomplir, le fait de ne pas comprendre le sens de ce qui est demandé ou de ne pas avoir de vision globale. Il peut aussi procrastiner quand il se sait capable de délivrer le résultat attendu en un temps très court, à la dernière minute. Il se hâte alors avec lenteur, comme la tortue de la fable de La Fontaine.

Anticiper est cependant utile pour les personnes qui travaillent avec lui, en particulier pour le responsable hiérarchique particulièrement porté sur le contrôle.

La précrastination, pour vider un esprit trop encombré

Si certains procrastinent lorsqu'une mission les ennuie, d'autres font le contraire. Ils exécutent les tâches confiées en un temps record pour s'en débarrasser. Cela leur en libère le cerveau. Si leur efficacité est appréciée en entreprise, trop les charger leur fait courir un risque d'épuisement.

Le masque social envahissant, une stratégie de survie

La plupart des hauts potentiels s'efforcent depuis l'enfance de passer inaperçus en se conformant à la norme. Régulièrement confrontés à des attitudes hostiles, ils ont développé de puissantes stratégies d'adaptation.

Dans l'entreprise, lorsqu'il sent que sa singularité dérange, le haut potentiel est envahi par un sentiment d'insécurité. Il perd alors sa capacité à faire confiance, et développe un masque social de manière démesurée.

Ce risque s'accroît s'il prend de nouvelles missions avec un manager aux valeurs et modes de fonctionnement très différents des siens. Tiraillé entre l'obligation de progresser en restant authentique et celle de se conformer au modèle de leadership que lui renvoie son manager, il adopte la personnalité de façade qui intègre la norme perçue à travers le comportement qu'il observe, censé incarner les valeurs de l'entreprise. Si ce « masque » l'éloigne de sa personnalité profonde, il bascule dans la sur-adaptation.

Bas les masques !

Le haut potentiel adopte un masque social pour s'adapter à l'entreprise. Cela se traduit par deux stratégies qui, poussées à l'extrême, peuvent mener à la sur-adaptation[1] :

- *Il se fond dans la masse comme un caméléon. Perpétuellement en train de s'adapter à la demande des autres, il se laisse déborder par l'empathie ou le devoir de réussir et ne ressent plus ses émotions.*
- *Il perd sa spontanéité et avec elle sa capacité à être autre chose que la personnalité de façade qu'il a construite. Alors qu'il était ouvert et souple, il n'arrive plus à s'adapter à toute nouvelle posture professionnelle.*

Que peut faire l'entreprise pour prévenir ce risque ?

- *Encourager les comportements managériaux bienveillants, valoriser la singularité ;*
- *confier au haut potentiel des challenges à relever qui mobilisent ses ressources d'apprentissage et ses talents ;*
- *neutraliser les managers toxiques.*

1. Inspiré de l'intervention de Marie-Anna Morand, spécialiste de la souffrance au travail, lors du congrès 2018, « Regards pluriels sur le haut potentiel ».

A contrario, le haut potentiel qui évolue dans un environnement exigeant mais bienveillant renforce ses talents innés d'empathie et développe de remarquables capacités de communication.

Témoignage HP – Brigitte, Supply Chain manager

« J'ai travaillé dans une entreprise industrielle qui avait un système vraiment malin pour faire progresser les collaborateurs dans leurs relations interpersonnelles. Tout le monde devait passer par un stage dit "FLEX" pour améliorer ses capacités de communication. Le principe était le suivant : chacun contactait plusieurs personnes – du même niveau hiérarchique, d'un niveau supérieur et d'un autre service. Et même une personne avec laquelle on n'aimait pas travailler et une avec laquelle on aimait bien. Chaque personne complétait un questionnaire sur la façon dont ils nous percevaient et/ou collaboraient avec nous pour un correspondant RH chargé de composer les équipes qui allaient suivre, ensemble, le stage FLEX.

De mon côté, je n'ai pas été éligible au stage. Le correspondant RH m'a expliqué qu'ayant déjà d'excellentes capacités d'adaptation aux autres, il ne me serait d'aucune utilité. J'ai été déçue mais j'ai aussi apprécié sa franchise et le fait qu'il se soucie de ne pas me faire perdre mon temps. »

Un vécu en entreprise qui peut avoir des conséquences graves

Le haut potentiel est souvent un surperformant angoissé

Un collaborateur super performant, c'est quelqu'un qui performe beaucoup plus que la moyenne et qui est conscient de mériter ses performances. Un surperformant angoissé, c'est un collaborateur qui en fait toujours plus et souvent trop, par crainte d'être pris pour un imposteur. Défini par l'un des leaders du conseil en stratégie pour décrire le type de personnes recherchées à l'embauche pour prendre des postes clés, ce concept désigne une personne jeune, souvent au début de sa carrière, qui a une approche particulière de son travail et de la vie en général. Cette approche la rend hyper efficace et performante mais n'est pas soutenable sur le long terme tant son investissement est fort.

Laurent Choain, DRH de Mazars, décrit[1] le ressenti de l'*insecure overachiever*, qui provoque cette course au « toujours plus » : « J'ai appris jeune, très jeune, à courir vite, très vite, pour fuir un monstre qui ne me talonnait que dans ma psychose. Une chimère invisible. Les premiers de la classe sont ceux qui courent le plus vite ; qui apprennent le plus vite et donc le plus, qui comptent plus vite que les autres, qui lisent plus vite, qui comprennent plus vite, qui décident plus vite, qui s'engagent plus vite, qui séduisent plus vite, qui trouvent des solutions plus vite, qui délivrent plus vite, et qui sont en définitive plus performants. Mais beaucoup d'entre eux ont dans leur for intérieur une chimère qui les poursuit, invisible du monde extérieur qui ne perçoit que leur excellence, sans deviner leur sentiment d'imposture. Il faut en faire toujours plus pour retarder autant que possible ce moment fatidique où quelqu'un découvrira la supercherie de leur perfection. Ils sont atteints du syndrome des *insecure overachievers*, les surperformants angoissés. »

Si ce haut potentiel n'arrive pas à évoluer, il passe sa vie à courir pour trouver l'équilibre et le succès durable. Cela nuit à terme à ses performances en entreprise car il s'épuise.

Si, au contraire, il y parvient et modère ses comportements presque « compulsifs », il apprend à lâcher prise et à délivrer des résultats de manière beaucoup plus durable. Son manager a donc une vraie carte à jouer pour le sécuriser et l'aider à mieux tirer parti de ses forces.

Les trois habitudes des personnes qui réussissent tout… ou presque

Matias Dalsgaard, auteur de Don't Despair[1], *pointe les limites dans lesquelles peuvent tomber ceux qu'il qualifient d'*insecure overachievers.

1. Ils sont inconsistants

Les fondations sur lesquelles ils construisent ne sont pas solides.

1. Matias Dalsgaard, *Don't despair*, PineTribe, 2014.

1. Laurent Choain, « *Insecure overachievers* : comment tirer le meilleur de ces surperformants angoissés », *Harvard Business Review*, 5 avril 2018.

« Arrêter de construire suscite chez eux un état de panique tellement ils ont peur d'être démasqués. C'est le syndrome de l'imposteur [...]. Ils essaient toujours de compenser quelque chose. »

Leur moteur pour créer, c'est leur insécurité. Ils ont le sentiment de ne jamais être assez bien et la volonté de prouver le contraire. Le débat intérieur qu'ils vivent s'accroît au fur et à mesure qu'ils réussissent aux yeux de l'extérieur. Plus leurs réalisations sont reconnues, plus cela les met en insécurité. Ils prennent cela pour une imposture.

2. Ils ne supportent pas les conflits ou les remises en question

Cela fait pourtant partie intégrante de la vie.

« Quand disparaît ce qu'ils ont construit, ils se retrouvent face à une véritable détresse. La dernière personne avec laquelle ils veulent se confronter, c'est eux-mêmes. »

3. Ils sont fiers d'être des insecure overachievers

Plus les compliments viennent de personnes exigeantes, plus ils en sont fiers.

« Si 99 % des gens trouvent leur réalisation étonnante, ils vont rechercher et valoriser uniquement l'opinion des 1 % qui leur ressemblent, et qui ne seront jamais complètement satisfaits. »

Une culture managériale ultra compétitive, dont les challenges sont toujours plus ambitieux et la charge de travail toujours plus importante, joue sur l'insécurité du haut potentiel et entretient son angoisse. Elle le pousse au-delà de ses limites.

Charlotte : « Ce quotidien m'épuise, m'intoxique... »

Paris, octobre 2014.

« 3 h 00 - Une pensée me réveille. La solution à un problème non résolu la veille. Je l'écris, dans le noir, sur le carnet à côté de mon lit, en m'appliquant, pour réussir à me relire le matin et pouvoir me rendormir.

6 h 00 - Nouveau réveil. En préparant un thé, je traite mes e-mails en provenance d'Asie. Je parcours ensuite les newsletters arrivées au cours de la nuit et partage avec mes équipes les informations utiles.

7 h 20 - La famille se lève. Petit déjeuner, « supervision » des enfants, « dépôt » devant l'école. Aïe, je suis déjà en train de passer en mode « pilotage automatique », alors que la journée ne fait que commencer !

8 h 35 - Trajet en voiture jusqu'au bureau. Je téléphone aux personnes que je n'ai pas pu voir la veille pour régler leurs problèmes. Arrêtée au feu rouge, je réussis à ne pas traiter les nouveaux e-mails reçus.

9 h 25 - Enfin arrivée ! Restent cinq minutes pour prendre un café.

9 h 30 - Réunion avec l'équipe Himalaya. Il manque 500 k€ de CA sur une activité. Il faut les récupérer avant la fin du mois. Solutions trouvées.

10 h 30 - Point avec une manager. Elle arrive en retard, avec une montagne de problèmes. Nous passons la réunion à faire ensemble le travail qu'elle aurait dû faire avant. Cela fait des années que je l'aide à progresser. J'ai tout essayé. Elle n'est pas faite pour ce job. Mais nous sommes coincées : moi, empêchée de lui trouver une place dans laquelle elle serait meilleure ; elle, laissée dans l'illusion qu'elle va réussir à devenir ce qu'elle n'est pas. Tant que je compense en faisant son travail, tout va bien. Sauf pour elle et moi.

12 h 00 - Cowalking dans le parc en face du bureau avec une collaboratrice. Nous faisons le tour du lac, pour préparer un plan d'innovations. Il y a des cygnes. Leur présence m'apaise.

14 h 00 - Réunion Comex. Une succession de présentations connues, aucune prise de décision. Je piaffe. Une demande d'un client vient d'arriver, à traiter rapidement. Je délègue discrètement le travail à mon équipe pour qu'elle avance pendant que je perds mon temps.

16 h 00 - Entretien de recrutement. Profil intéressant, mais inadapté à notre environnement. Pas assez rapide, pas assez polyvalent, pas assez résistant. Il ne tiendra pas trois mois. Je le signale à la responsable du recrutement afin qu'elle soit vigilante sur ces points-là pour les prochains.

17 h 00 - Réunion Kick-off sur un projet. Le patron de la business unit concernée a tout préparé. Il ne reste plus qu'à le challenger et décider. C'est le moment le plus agréable de la journée.

18 h 00 - Ce créneau devait rester libre mais il a été affecté. Deux personnes arrivent avec un souci qu'elles rencontrent avec un manager en matriciel. Je les renvoie à leurs responsabilités pour qu'elles le gèrent. Elles insistent. Elles ont essayé mais n'y arrivent pas. Je passe un coup de fil et règle le problème de manière directive.

19 h 15 - Déjà en retard pour libérer la baby-sitter. Nouvelle série d'appels depuis la voiture.

20 h 05 - Arrivée en panique à la maison. Les filles dînent. Leur papa n'est pas rentré.

21 h 00 - Skype call de Californie. Une affaire délicate avec un client. Le manager de la commerciale qui m'appelle ne lui répond pas. Je le recadrerai demain.

21 h 30 - À peine le temps de dîner en amoureux. Merci Monsieur Picard...

22 h 00 - Effondrée de fatigue, je m'endors immédiatement.

Heureusement, on est jeudi. Il ne reste plus qu'une journée comme celle-ci avant que le week-end n'arrive. Le week-end, c'est sacré, je ne travaille jamais sauf quand...

Cela a duré trois ans.

Mon cerveau n'étant plus en état de fonctionner correctement, c'est mon corps qui a dit stop. »

Le principal défi du manager de hauts potentiels est de mettre en œuvre les conditions nécessaires pour les faire passer d'*insecure overachievers* (surperformants angoissés) à *super achievers* (super performants).

Un risque de souffrance au travail exacerbé ?

Après le *burn-out* (épuisement professionnel) se font jour de nouveaux concepts dans le monde de l'entreprise : le *bore-out* (ennui au travail) et le *brown-out* (dévitalisation, baisse de régime). La souffrance des salariés envahit un grand nombre d'entreprises pour trois raisons : les métiers se transforment rapidement, la pression sur les résultats s'intensifie et les managers sont insuffisamment équipés pour conduire le changement. Accrue par les nouvelles technologies qui, en créant une connexion permanente au bureau, ne permettent plus de « débrancher » et de ressourcer, elle impacte la santé : maladies cardio-vasculaires, troubles musculo-squelettiques, troubles anxieux dépressifs, épuisements professionnels, voire suicides.

Aucune étude sur les risques psychosociaux ne prend en compte le caractère de haut potentiel pour évaluer leur proportion dans les individus touchés. Toutefois, la question se pose de savoir si leur grande capacité de travail, leur engagement sans limite et leur souci de bien faire ne les exposent pas davantage que les autres à ce risque d'épuisement professionnel.

Souffrance au travail : à quand la fin ?

Les contextes à risque sont identifiables à travers les retours de nombreux salariés en France[1] :

- *47 % des actifs se dépêchent.*
- *31 % cachent leurs émotions, font semblant d'être de bonne humeur.*
- *27 % ne peuvent régler par eux-mêmes les incidents.*
- *36 % ont subi au moins un comportement hostile dans le cadre de leur travail au cours de l'année.*
- *33 % n'éprouvent pas la fierté du travail bien fait.*
- *24 % craignent de perdre leur emploi.*

Ce qui favorise les risques psychosociaux (RPS) :

- *le stress : déséquilibre entre la perception qu'une personne a des contraintes de son environnement de travail et celle qu'elle a de ses ressources pour y faire face ;*
- *les violences internes : harcèlement moral ou sexuel, conflits exacerbés entre des personnes ou entre des équipes ;*
- *les violences commises sur des salariés par des personnes externes à l'entreprise : insultes, menaces, agression.*

1. Extrait du Dossier Prévention RPS de l'INRS, Institut national de recherche et de sécurité.

Le haut potentiel face au *bore-out* et au *brown-out*

Le haut potentiel a besoin de passion dans tout ce qu'il entreprend. Comme le travail lui prend un temps énorme de sa vie et l'écarte de tout ce qui l'intéresse par ailleurs, il doit y trouver son compte. Il ne vit bien son investissement au bureau que si ce qu'il fait lui semble utile. Gagner sa vie ne suffit pas : il lui faut du sens.

Il n'est définitivement pas fait pour les *bullshit jobs*, ces fameux « boulots qui ne servent à rien » dont parle l'anthropologue et économiste américain David Graeber pour désigner cette « forme d'emploi rémunéré tellement inutile, superflue ou néfaste que même le salarié ne parvient pas à justifier son existence, bien qu'il se sente obligé, pour honorer les termes de son contrat, de faire croire qu'il n'en est rien[1] ». Ces postes représenteraient 18 % des emplois en France selon une étude réalisée par Kantar TNS pour Randstad (mai 2019).

Une activité vide de sens le renvoie à un profond sentiment d'inutilité, d'incompétence, et à l'idée qu'il ne mérite pas de faire partie d'une équipe où chacun a sa place et dans laquelle il a déjà parfois du mal à trouver la sienne.

Témoignage HP – Sarah, chargée de communication

« À 27 ans, j'ai changé de travail plusieurs fois car j'ai besoin d'être dans un environnement porteur de sens. C'est essentiel pour moi. S'il n'y en a pas, je ne tiens pas dans un poste. J'ai besoin de savoir que tout ce que je fais sera pérenne, que c'est utile, que ce sera utilisé par d'autres. Je veux m'assurer que je ne suis pas en train de perdre mon temps. »

Le haut potentiel se retrouve aussi victime de *bore-out* lorsqu'il est sous-alimenté. Cela peut vite arriver compte tenu de ses capacités hors normes. Il peut alors avoir l'impression de se retrouver dans un placard, aspiré dans un tourbillon de vacuité.

1. David Graeber, *Bullshit Jobs*, Les liens qui libèrent, 2018.

Cela fait émerger la troisième forme d'épuisement psychologique, le *brown-out*, qui correspond à une dévitalisation provoquée par plusieurs ressentis :

- absurdité quotidienne des tâches à accomplir ;
- position hiérarchique qui n'est pas celle où il devrait être ;
- obligation de se plier à des demandes du management en contradiction avec sa vision de ce qu'il faut faire ;
- caractère rebutant des missions confiées ;
- manque d'excellence attendue de lui par la pression des délais imposés ;
- manque de compétence du manager.

Quand cette situation se présente, la perspective d'un salaire régulier ou autres promesses faites par l'entreprise pour le garder ne compense jamais la souffrance ressentie. Contribuer à un projet collectif qui n'en est pas un à ses yeux ou dans lequel il ne se sent pas à sa juste place devient impossible. Sous peine de s'autodétruire, il lui faut quitter au plus vite cet environnement devenu, pour lui, extrêmement toxique.

Les professeurs André Spicer et Mats Alvesson expliquent dans *The Stupidity Paradox* comment une entreprise mène ses talents au *brown-out*. « Elles recrutent des diplômés brillants pour exiger d'eux, au final, qu'ils mettent leur cerveau en sommeil. Ces jeunes travailleurs qui s'attendaient à des tâches stimulantes se retrouvent alors à faire la danse du PowerPoint pour tenter d'hypnotiser les clients, dans un climat intellectuel para-prostitutionnel[1]. »

Témoignage HP – Soline, directrice générale

« Au retour d'un épisode proche de l'épuisement professionnel, sous couvert de bonnes intentions, mon manager, qui avait été à l'origine de ma surcharge de travail pendant plusieurs mois, m'a imposé de prendre des responsabilités très inférieures à mes capacités. Je devais apporter des idées innovantes et le processus pour les mettre en œuvre à des

1. André Spicer et Mats Alvesson, *The Stupidity Paradox – The Power and Pitfalls of Functional Stupidity at Work*, Profile Books Ltd, 2016.

personnes qui soit n'en voulaient pas, soit n'avaient pas les moyens de les réaliser tant leur quotidien était chargé.

Il me confiait les missions au coup par coup et me les enlevait dès qu'il estimait qu'il pouvait les récupérer à son compte. Obligée de lui "courir après" pour avoir de quoi occuper mes heures au bureau, j'étais humiliée et frustrée. À cet ennui profond se cumulait le sentiment que mes efforts étaient inutiles car les projets que je proposais ne seraient jamais mis en œuvre correctement.

J'ai eu le sentiment d'être poussée à la démission. »

Bien entendu, toute personne qui se voit confier une mission qui s'apparente à une mise au placard se retrouve dans une situation déstabilisante et nocive. L'impact sur le haut potentiel est seulement plus rapide et plus violent.

Le haut potentiel : nouveau « canari de la mine » ?

C'est ainsi que le Néerlandais Frans Corten, conseil en RH et coach, qualifie le haut potentiel, en référence à ce petit oiseau emmené au fond des mines de charbon au XIXe siècle. Très sensible aux émanations de gaz toxiques impossibles à détecter par les hommes qui ne bénéficiaient pas des équipements modernes, le canari servait de référence. Lorsqu'il mourait ou s'évanouissait, les mineurs se dépêchaient de sortir de la mine afin d'éviter une explosion ou une intoxication imminente.

Dans l'entreprise, lorsqu'un haut potentiel donne des signes de souffrance, c'est le signal d'un risque pour l'ensemble des collaborateurs.

Les risques liés aux pratiques managériales toxiques

La culture d'une entreprise, c'est son identité, ce qui fait sa singularité, l'ensemble de ses valeurs, ses connaissances, ses rituels et symboles qui facilitent son fonctionnement. Tout ce qui sert de repère pour bien travailler ensemble. Comprise par tous, c'est un puissant levier de motivation et d'engagement. Elle crée du lien, participe à l'attraction de nouveaux talents et à leur rétention.

Elle suscite l'effet inverse si les valeurs qu'elle véhicule ne sont pas en cohérence avec la réalité vécue sur le terrain, ou si elles ne correspondent pas aux valeurs du collaborateur qui y entre.

En ce qui concerne les personnes à haut potentiel, si certaines cultures lui permettent de grandir et de s'épanouir, d'autres s'avèrent, en revanche, très nocives.

Les cultures nocives pour le haut potentiel

Les hauts potentiels ne peuvent pas s'adapter à long terme à des cultures privilégiant la norme sur le sens.

Témoignage HP – Pascal, consultant

« J'ai eu le malheur d'être dans l'équipe d'un chef ultra conforme. Tout le monde le jugeait mal mais il progressait quand même. Diplômé d'HEC, il n'était pas bête mais complètement dépassé par les problèmes que je devais gérer. Il reprenait le pouvoir par le jeu des objectifs et définissait des indicateurs chiffrés qui n'avaient aucun sens, seulement pour montrer à sa hiérarchie qu'il était capable de tout mettre sous KPI[1]. Il avait un rapport très scolaire avec ses subordonnés, refusait d'entrer dans la complexité et voulait appliquer partout des solutions déjà éprouvées.

C'était une machine à démotiver. Il asséchait le sens, tellement il était dans l'incapacité de concevoir qu'un travail n'était efficace que porteur de sens. Il ne jurait que par la conformité. »

Les cultures fondées sur le statut sont également inadaptées à son développement. Il n'en a pas les codes, lui qui privilégie la compétence au grade. Il les juge inefficaces et contraires à son sens de la justice.

1. *Key Performance Indicator*, indicateur de performance.

Témoignage HP – Olivier, directeur administratif et financier

« Je travaillais chez un investisseur institutionnel. Invité avec le reste du Comex dans un séminaire Relais et Châteaux, nous nous sommes fait remonter les bretelles pour nous inciter à faire des économies car les résultats n'étaient pas au rendez-vous.

Durant son intervention, le président m'a humilié devant tout le monde, m'accusant d'avoir fait perdre une somme d'argent considérable à l'entreprise par de mauvais choix d'investissement. Je suis resté estomaqué. Je ne savais pas de quoi il parlait.

En creusant, je me suis rendu compte que la perte dont il parlait provenait d'une opération d'investissement hasardeuse que mon manager, le DG, avait décidé de faire et que, pour se protéger, il m'en avait fait porter la responsabilité auprès de son patron. J'ai vécu cela comme la trahison de quelqu'un en qui j'avais confiance et je me suis senti utilisé, sali.

J'avais décidé de quitter cette entreprise. Cela a accéléré les choses. Avant de partir, j'ai cependant rétabli la vérité sur cette histoire d'investissement auprès de mes collègues et je me suis rendu compte que je n'étais pas le seul à avoir été victime d'un comportement de ce genre de la part de ce manager. »

Les modes d'organisation qui créent de l'insécurité

Les organisations floues créent de l'insécurité car les responsabilités de chacun s'entrecoupent. Le dirigeant y déploie un dispositif complexe et puissant lui permettant de tout contrôler. Il décide seul du sort de ses équipes, est seul juge de leur travail et sanctionne parfois avec violence quiconque défie son autorité.

Ce type d'environnement favorise l'émergence de managers dictateurs, divas, entourés de courtisans. Il est terriblement hostile pour le haut potentiel sensible à l'insécurité, mais pas seulement pour lui.

Compte tenu de ses effets sur le cerveau, la peur utilisée comme stratégie de management détruit l'intelligence, produit de la souffrance, crée des stratégies défensives chez les personnes concernées et va à l'encontre de la production de performance.

La pression excessive et continue détruit des parties clés du cerveau

Bernadette Lecerf-Thomas[1] *souligne les processus en jeu, lorsqu'un individu est soumis à une pression excessive et continue.*

L'évaluation d'un événement est liée aux émotions ressenties. Mémorisant le potentiel de nuisance ou de satisfaction d'une situation, le cerveau confronté à un contexte de même nature l'évalue et déclenche la réaction qu'il juge appropriée.

La peur est l'émotion la plus forte car, à l'origine, elle permettait de se protéger et donc de survivre. Trois structures du cerveau interviennent dans le mécanisme de peur :

- *l'amygdale, qui détecte et mémorise les émotions et contribue face à la peur à déclencher les réactions de sauvegarde en intervenant directement sur l'ensemble des fonctions corporelles ;*
- *l'hippocampe, qui mémorise les situations et aide à raconter un événement traumatisant en s'en distanciant ;*
- *le cortex préfrontal, qui agit comme un superviseur et module la réaction de peur en réévaluant le contexte à l'issue de la situation qui l'a provoquée.*

Ces trois acteurs agissent de concert en situation normale pour permettre une réponse adaptée mais perdent cette capacité en cas de stress chronique.

Subie de manière permanente, la peur modifie les connexions entre l'amygdale et l'hippocampe et dégrade le fonctionnement du cortex préfrontal. Tous jouent un rôle clé dans l'intégration expérientielle, le contrôle de l'humeur, la concentration et l'acquisition de connaissances.

Le stress chronique, qui peut basculer en burn-out*, rend inopérantes des parties clés du cerveau.*

1. Tiré d'*Activer les talents avec les neurosciences* de Bernadette Lecerf-Thomas (Pearson, 2015) et des travaux du professeur Joseph LeDoux (université de New York). Avec la contribution de Marion Trousselard, chef de l'unité neurophysiologie du stress, Institut de recherche biomédicale des Armées.

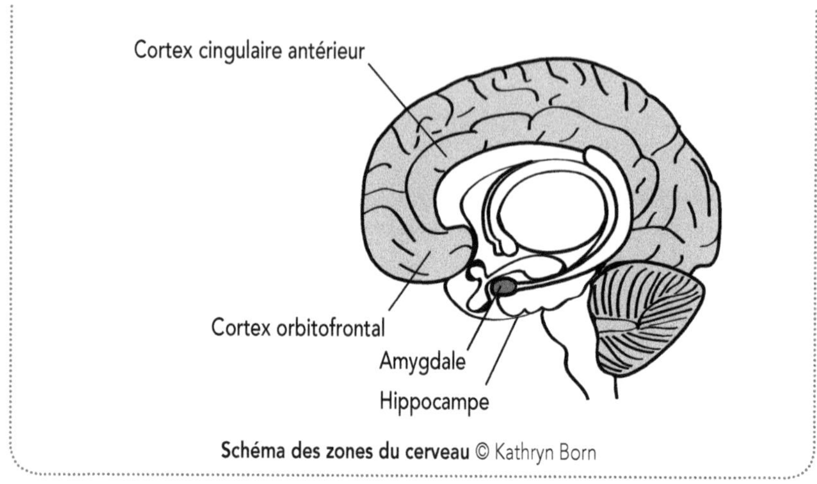

Schéma des zones du cerveau © Kathryn Born

Les organisations hyper hiérarchiques sont également nuisibles du fait de la déresponsabilisation qu'elles impliquent.

L'autonomie et la possibilité de prendre des initiatives sont des éléments indispensables à l'épanouissement du haut potentiel.

Enfin, les organisations qui avancent dans une recherche d'efficacité poussée à l'extrême incitent les collaborateurs à générer de la productivité à tout prix en recentrant chacun exclusivement sur ce qu'il sait déjà faire. En promouvant le « toujours plus de la même chose », elles brisent les moteurs du haut potentiel qui sont la créativité, le plaisir d'apprendre et de se développer.

Ces organisations-là encouragent aussi une compétition interne malsaine, ce que le haut potentiel ne supporte pas. Dans ce type de contextes, il a trois choix dont aucun ne lui convient : gagner et prendre le risque d'être rejeté, s'autolimiter et prendre le risque d'être frustré, ou perdre et affronter l'échec qu'il redoute tant. S'il aime se mesurer aux autres, c'est uniquement avec les meilleurs et souvent dans l'optique de « gagner ensemble ».

Autrement, la seule vraie compétition valable est celle avec les concurrents. Dans l'entreprise, il considère les autres collaborateurs comme des coéquipiers avec lesquels unir ses efforts pour le succès collectif.

Les comportements managériaux toxiques

Plus encore que sa culture, les pratiques managériales de l'entreprise impactent l'expérience au travail du haut potentiel. Le lien entre la qualité de son management et son bien-être est à la fois fort et immédiat.

Les premières pratiques toxiques sont celles des managers qui ne savent pas manager. Mal à l'aise dans leur rôle d'encadrement et incertains de la manière dont ils peuvent atteindre leurs objectifs, ils mettent une pression déraisonnable sur leurs collaborateurs, tout en pensant bien faire. Ils n'ont pas toujours conscience des dégâts occasionnés sur les êtres humains qu'ils ont en face d'eux.

D'autres types de managers sévissent en toute impunité. Narcissiques et tyranniques, ils se nourrissent de la destruction psychologique de leurs équipes. Leurs comportements abusifs sont parfois connus mais rarement recadrés tant qu'ils délivrent les résultats attendus. La souffrance générée par ces comportements managériaux coûte cher à l'entreprise du fait des maladies qu'elle provoque. C'est particulièrement vrai pour les hauts potentiels compte tenu de leurs capacités particulières de somatisation.

Certains en ont « plein le dos » de leur manager et se retrouvent régulièrement bloqués au lit, d'autres se fracturent le pied en marchant sur le lieu du travail qui leur « casse les pieds » ou, encore, sont sujets aux gastro-entérites à répétition pour digérer les réunions douloureuses. Des douleurs dorsales semblables à des coups de couteau peuvent apparaître pour celui qui s'est fait trahir par un collègue, une boule au niveau de la gorge peut se développer dans un environnement où la parole est muselée. Cela peut aller beaucoup plus loin encore : déclenchement de maladies auto-immunes pour ceux qui ne voient pas comment sortir du poste trop étroit dans lequel ils sont enfermés, parfois même d'un cancer…

Le corps du haut potentiel ne parle pas très fort : il hurle.

Le leadership infantilisant

Le management paternaliste bride les hauts potentiels.

S'ils ont besoin de travailler leur maturité émotionnelle, ils ne peuvent y parvenir dans ce type d'environnement. Ce qui leur faut, c'est l'inverse : un cadre responsabilisant.

Le manager qui n'a pas appris à manager, le manager harceleur

Le haut potentiel ne supporte pas le « petit chef ». Cela lui coupe les ailes.

Certaines personnes accèdent à des postes de management du fait de leur expertise technique ou de leur capacité à obéir aux ordres sans jamais les remettre en question. L'entreprise n'évalue pas au préalable leurs capacités à animer et à diriger une équipe et les accompagne rarement dans leur prise de fonction.

Cela crée des managers qui se réfugient derrière des outils de contrôle et multiplient les reportings pour justifier leur rôle. Qui organisent des réunions pour maîtriser l'information. Qui peuvent aussi s'employer à diviser les équipes quand ils n'ont pas d'autre moyen pour régner.

Témoignage HP – Paul, responsable Méthodes

« Un chef doit être bien lui-même dans son travail pour bien se comporter avec ses équipes. »

Ces comportements ralentissent les équipes et brisent la créativité.

N'est-ce pas absurde de tuer l'innovation par défaillance managériale alors que l'environnement actuel exige des organisations qu'elles valorisent la vitesse, l'audace et la capacité à investir dans les bons projets ?

Pour le haut potentiel qui pense de manière logique et globale, ce système de promotion des cadres est inacceptable.

Témoignage HP – Bénédicte, coach

« Après une expérience aux côtés d'un chef agréable, je me suis retrouvée avec un jeune cadre ambitieux qui prenait pour la première fois un rôle de manager d'équipes opérationnelles. Il nous mettait une pression énorme, nous collait trois réunions par semaine pour tout contrôler. Il m'écartait des sujets intéressants. Je devais produire et ne pas lui faire de l'ombre.

Il n'avait ni compétences managériales, ni idées. Un jour, je me suis rendu compte qu'il récupérait les miennes pour se valoriser auprès de ses supérieurs hiérarchiques, sans jamais mentionner d'où elles provenaient. J'ai eu l'impression qu'il cherchait à me réduire au lieu de me faire grandir et qu'il m'utilisait pour se valoriser. C'est devenu intolérable. »

Enfin, lorsqu'un manager accède à son poste de management sans avoir de compétences managériales, les hauts potentiels qui font partie de son équipe peuvent se retrouver, par l'effet miroir qu'ils lui renvoient, dans une situation de harcèlement moral. Déstabilisé par les regards de ses collaborateurs, le manager qui se sent challengé peut user de sa position hiérarchique pour adopter en retour un comportement agressif ou humiliant.

Qui veut la peau du haut potentiel ?

En réalité, l'ennemi du haut potentiel, celui qui l'entraîne à avoir des comportements nocifs dans l'entreprise, c'est l'imposteur. Le véritable imposteur :

- *Ce peut être le collaborateur qui « brasse du vent » pour donner l'illusion qu'il travaille, celui qui passe une partie de son temps à masquer son incompétence, alors que ses collègues, plus discrets, font ce pour quoi il est payé.*
- *C'est le collaborateur qui ne fait que de la politique, celui qui fait croire qu'il construit avec les autres mais qui, emporté par son ego, détruit la performance.*
- *C'est aussi le manager qui n'est pas à sa place et fait souffrir ses équipes car il ne sait pas manager.*

Rien n'échappe au haut potentiel, programmé pour capter tout ce qui ne « colle » pas. Le comble, c'est que, du fait de sa difficulté à gérer ses émotions ou à communiquer clairement, c'est souvent lui qui passe pour la personne qui ne se comporte pas « comme il faut ».

Son pire ennemi reste toutefois un autre haut potentiel. Le « tyran hyper toxique ». Celui avec qui il partage le même fonctionnement cérébral et, parce qu'il fonctionne en partie comme lui, réussit à obtenir sa confiance pour se nourrir de ses forces et jouer avec ses failles.

Leur talon d'Achille : le manager manipulateur ou pervers

Le manager tyran est attiré par les hauts potentiels. C'est un despote, manipulateur, qui met tout le monde sous pression et entretient activement la crainte et la peur. Tant qu'il est en phase de séduction, il semble parfait avec ses équipes. Il se montre intrusif, mais cela passe pour de la bienveillance. Il questionne habilement ses collaborateurs sur leur vie privée pour savoir quelles sont leurs attentes mais aussi leurs peurs. Ces derniers se sentent valorisés et, en contrepartie, s'engagent excessivement dans leur travail.

Quels moyens d'action contre un manager toxique ?

Ce manager déploie des trésors d'ingéniosité pour maintenir sous son joug les personnes les plus performantes : arsenal juridique, relation infantilisante, culpabilisation… En cas de conflit, il n'a jamais tort, c'est toujours la faute de l'autre.

Ce dispositif se montre d'une redoutable efficacité avec un haut potentiel qui est par nature quelqu'un qui doute. Le manager utilise alors son pouvoir hiérarchique pour aspirer sa vitalité, sa force mentale, voire son identité. Les risques encourus sont considérables.

Malgré les apparences, c'est le manager narcissique qui a besoin du haut potentiel et non le contraire car il se nourrit de lui. Ce besoin se révèle si ce dernier le quitte. C'est à ce moment-là que ce type de personnage montre son vrai visage. Anxieux, perdu, il devient violent.

Témoignage HP – Diane, Key Account Director

« Recrutée dans une entreprise féminine pour y occuper un poste de commerciale, j'avais le profil recherché : diplômée, plutôt jolie et totalement trilingue.

Mes premières semaines ont été marquées de succès rapides. Je maîtrisais le métier, mon portefeuille clients et j'ai atteint très vite mes objectifs annuels. Cela n'a pas aidé mon intégration dans l'équipe. Les autres collaboratrices, qui ne comprenaient pas comment j'avais fait, sont devenues jalouses et malveillantes. À la fin de ma période d'essai, ma directrice m'a annoncé qu'elle ne souhaitait pas me garder et m'a même dit : "Tu es la meilleure, mais je ne t'aime pas."

J'ai été dévastée et profondément blessée. Cette femme remettait en question non pas mes résultats, mais la personne que j'étais. Au-delà de la souffrance morale, du questionnement incessant du "pourquoi", je trouvais son attitude profondément injuste.

J'ai souhaité renouveler ma période d'essai afin de lui prouver que j'étais capable d'être à la hauteur de ce qu'elle attendait. Je ne supporte pas l'échec et je n'abandonne jamais. Repartie pour trois mois de plus, j'ai fait tous les efforts possibles pour m'adapter et "plaire", mais sans succès. Cette période a été horrible. »

Comment repérer les managers toxiques ?

Dès le recrutement :

- *écouter son intuition. La personne qui se sent infantilisée, dominée ou dépendante face à son interlocuteur doit avoir des doutes ;*
- *lorsque l'interlocuteur pose des questions déstabilisantes, il est utile de se méfier.*

En poste, les comportements qui les révèlent :

- *Ils dominent tout le monde.*
- *Ils traitent les membres de leur équipe comme des objets.*
- *Ils humilient leurs collaborateurs parfois en public.*

- *Ils sont obsessionnels sur des détails.*
- *Ils ont des comportements paranoïaques, parfois hypocondriaques.*

Les indicateurs qui ne trompent pas :

- *coûts prud'homaux, absentéisme, turnover, mais aussi enquêtes internes : des résultats qui sortent de la norme doivent alerter ;*
- *les entretiens de départ fournissent des indices et éléments de preuve utilisables en cas de plaintes des salariés.*

Ce dangereux personnage, tout le monde le connaît en réalité. Sa relation particulièrement nocive pour les hauts potentiels a été décrite dans des œuvres célèbres. C'est le sénateur Palpatine devenu empereur – l'odieux Dark Sidious créé par George Lucas dans les années 1970 dans *Star Wars IV*. Celui qui a attiré dans ses filets le haut potentiel Anakin, perdu par sa difficulté à contrôler ses émotions. Sous l'emprise de Palpatine, le Jedi Anakin devient Dark Vador et met toute sa puissance au service de la construction d'un empire dont il ne partageait *a priori* pas les valeurs.

Ce sont aussi les Détraqueurs – *Dementors* en anglais, par opposition au *Mentors* –, de J.K. Rowling dans la saga *Harry Potter*, d'abjectes créatures des ténèbres qui, pour empêcher les détenus de s'enfuir de la prison où ils sont enfermés, aspirent leurs âmes, laissant leurs victimes dans un état végétatif parfois irréversible. Ils se nourrissent de joie humaine et provoquent tristesse et désespoir sur quiconque se trouve à proximité.

Au-dessus de ces créatures répugnantes, se situe « Celui-dont-on-ne-doit-pas-prononcer-le-nom », Voldemort, qui relève davantage du pervers narcissique surdoué, et qui s'attaque en priorité à Harry Potter, attiré par ses grandes capacités.

Dans l'entreprise, Dark Sidious et Voldemort revêtent la forme d'un dirigeant ; Dark Vador et les Détraqueurs, celle d'un manager. Leurs victimes ne sont pas toujours conscientes de ce dans quoi elles tombent. Si elles le deviennent, elles n'en parlent généralement pas car rares sont ceux qui voudront les croire et encore moins les aider. Pour se protéger, elles n'ont souvent pas d'autre solution que de partir.

Le moyen actionné alors pour verrouiller leur parole s'appelle une « transaction ».

Protéger le haut potentiel de ces personnalités nocives

En ce qui concerne l'ex-Jedi Dark Vador, c'est l'amour filial qui va le sauver. Il représente une image suffisamment forte pour qu'il mobilise sa force intérieure et s'extraie de l'emprise de Dark Sidious. Malheureusement pour lui, il ne profitera pas longtemps de sa liberté.

Quant à Harry Potter, c'est d'abord un de ses professeurs et mentor qui l'éloignera des Détraqueurs en utilisant un sortilège, esprit protecteur qui projette des forces positives telles que l'espoir, le bonheur ou le désir de vivre. Quand il devra affronter Voldemort, c'est le plus puissant d'entre eux qui lui donnera les clés pour s'en sortir seul. Il lui apprendra à générer son propre bouclier contre les créatures toxiques, celui qui correspond à sa personnalité profonde.

Ces personnages extrêmement nocifs représentent 2,5 % de la population, selon la thérapeute comportementaliste et cognitive Isabelle Nazare-Aga[1]. Au sein de l'entreprise, il y en aurait près du double dans l'encadrement et 20 % parmi les dirigeants.

Les équipes touchées dénoncent rarement leurs pratiques compte tenu des représailles possibles. Les victimes évitent les prud'hommes tant ressasser ce qui les a fait souffrir est douloureux. C'est seulement après l'apparition d'événements très graves, comme l'épidémie de suicides chez France Télécom, que les plaintes commencent à s'exprimer.

Est-ce possible de prévenir ou d'enrayer ce type d'incidents ? La responsabilité pénale des dirigeants en cas de pratiques toxiques avérées devrait souligner l'intérêt de traiter ces comportements le plus en amont possible.

Témoignage HP – Marc, DSI

« Dans mon entreprise, la plupart des dirigeants du Comex sont toxiques. Personne ne l'ignore, ce qui les a fait passer maîtres dans l'art de se "couvrir". Leur dernière idée est d'imposer à tous les managers (excepté eux-mêmes) de suivre une formation aux risques psycho-sociaux (RPS).

1. Isabelle Nazare-Aga, *Les Manipulateurs sont parmi nous*, Les Éditions de l'Homme, 2015.

Cela leur permet de présenter l'entreprise comme un modèle d'excellence, pour contrebalancer des indicateurs sociaux dégradés.

Cela génère des situations absurdes : la DRH a refusé pour mes équipes une formation Python[1] qui était vraiment utile sous prétexte que cette année tout le budget était alloué à cette formation RPS. La "couverture" du comportement des dirigeants passe avant les besoins réels des équipes pour faire correctement leur travail. Cela génère encore plus de stress. »

Peut-on transformer les comportements managériaux déviants ?

Ivan Maltcheff, coach de dirigeants, déclare : « Lorsque quelqu'un est conscient de son impact nocif et prêt à changer, c'est possible de faire autrement. Certaines personnes souffrent de leur manière d'agir et c'est un soulagement pour elles de trouver des modes alternatifs de comportements. »

L'accompagnement par des formations managériales ciblées ou par du coaching peut donner des résultats, si le manager met de l'énergie pendant plusieurs semaines à pratiquer de nouvelles interactions avec ses équipes.

Les neurosciences apportent des pistes de solutions : les travaux de Tania Singer sur le développement de l'empathie recommandent des pratiques de méditation pour cultiver le juste niveau d'empathie et de coopération avec les autres.

En 2000, Harry Potter se libère au bout de plusieurs années de l'emprise de Voldemort ; Dark Vador, vingt ans plus tôt, ne survit pas à ses années à répandre le Mal sous l'emprise de Dark Sidious. Parions que vingt ans après la sortie d'*Harry Potter*, les entreprises s'attacheront à neutraliser les personnages toxiques !

1. Python est un langage de programmation multiplateformes qui favorise la programmation structurée, fonctionnelle et orientée objet.

Se séparer d'un manager toxique : une mission (im)possible

Me Pierre Chicha[1], avocat au Barreau de Paris, recommande de suivre plusieurs étapes pour sécuriser une action face à des comportements toxiques avérés et récurrents.

Étape 1 - Réunir les preuves du comportement toxique : consulter les mesures de climat social et le taux d'absentéisme. Ces indices cumulés aux plaintes de salariés (saisie de l'Inspection ou de la médecine du travail, du CHSCT) permettent de constituer un dossier.

Étape 2 - Prendre des précautions pour agir efficacement : en cas de plainte, il est nécessaire d'enquêter très vite avec mise à pied du manager "harceleur" jusqu'à la décision des prud'hommes. Cette procédure, pour être valable, doit être engagée dans les deux mois qui suivent la connaissance du problème.

Me Chicha souligne qu'il est souhaitable de prévenir ces risques en utilisant les indicateurs de performance sociale au même niveau que les indicateurs financiers. Compte tenu des risques humains et coûts associés liés aux comportements managériaux déviants, mieux vaut prévenir que guérir.

1. Entretien avec Me Chicha (2018), avocat au Barreau de Paris, spécialiste en Droit social.

Et si la personne la plus toxique d'une entreprise est son dirigeant, que se passe-t-il ? Les implications sont lourdes car son comportement impacte celui de toute la ligne managériale.

Si certains des éléments affichés pour refléter le climat social global d'une entreprise peuvent être biaisés (que ce soient les enquêtes internes, le score obtenu sur Glassdoor ou les multiples labels payants qu'utilisent les entreprises pour justifier de leur qualité de « bon » employeur), il en reste d'autres sur lesquels il est difficile de tricher : le taux de turnover, d'absentéisme et les condamnations des prud'hommes. Comparer ces derniers avec ceux constatés sur d'autres entreprises du secteur doit alerter s'ils sont anormaux. À cela s'ajoutent des difficultés de recrutement, car lorsqu'une entreprise traite mal ses salariés, le bouche à oreille sur son marché est puissant.

Le temps peut néanmoins se charger de rétablir de bonnes manières d'agir car les comportements déviants d'un dirigeant dépassent souvent ses pratiques managériales. Ils font peser des risques sur la réputation de l'entreprise et finissent par impacter ses résultats économiques.

Témoignage HP – Soline, directrice générale

« J'ai rencontré ce dirigeant à l'intelligence particulière, lors d'un entretien de recrutement. Très vite, son comportement ambigu m'a troublée : humain ou méprisant, parfois violent. Séducteur ou prédateur, c'était un homme angoissé et paranoïaque qui avait un besoin pathologique de tout contrôler. Je lui ai laissé croire qu'il me dominait, pour avoir la paix.

Il écrasait sans pitié les "faibles", les humiliait en public. Je me demandais ce qui justifiait une telle attitude. Quand il avait besoin de quelqu'un, il fallait tout lâcher pour se plier à ses contraintes, même si cela revenait à interrompre une réunion avec dix personnes. Il ne pouvait attendre…

Manipulateur, il était intrusif. Il me questionnait sur ma vie privée pour repérer une faille dans laquelle s'engouffrer. Il menait avec moi un travail sournois de destruction mentale : des remarques dénigrant l'ensemble de son entourage (concurrents, clients, fondateurs des entreprises qu'il rachetait), un discours particulièrement méprisant à l'égard des femmes, des propos visant à me faire croire que sans lui je serais insignifiante.

Il ne laissait rien passer à quiconque, même les erreurs sans conséquences, et maniait à la perfection l'art d'avoir toujours raison. Il avait une capacité étonnante à mentir tout en ayant l'air sincère. Incapable de fonctionner autrement que dans un rapport de force, il divisait pour mieux régner. Malgré tout cela, il est resté longtemps, à mes yeux, intellectuellement séduisant.

Comment qualifier ce comportement : tyrannique ? manipulateur ? pervers ? Il m'a fallu prendre de la distance pour devenir lucide sur la toxicité du personnage. »

En bref

Derrière la super performance et l'engagement du haut potentiel se cachent aussi des fragilités.

Entiers et engagés, piégés par les attentes des autres, il leur arrive de tellement se conformer à l'idéal de leadership de leur organisation qu'ils en perdent ce qui fait leur force.

Particulièrement sensibles aux cultures, organisations d'entreprises et pratiques managériales qui les instrumentalisent à l'extrême, ils peuvent, lorsqu'ils s'y trouvent confrontés, s'épuiser, perdre une partie de leurs capacités cognitives et se laisser entraîner dans des comportements destructeurs.

Prendre conscience de ces risques permet d'agir sur l'environnement de travail et les comportements managériaux pour en limiter les impacts.

Partie II

MANAGEMENT DES HAUTS POTENTIELS

Miser sur l'intelligence collective

Les hauts potentiels sont naturellement des explorateurs, des éclaireurs, des bâtisseurs, des leaders.

Ils apportent à l'entreprise une réflexion stratégique, voire philosophique. Leur pensée s'adapte à la nouveauté en permanence. Ils créent et construisent, malgré les obstacles, avec courage et sans relâche. Ils sont capables de trouver les moyens de concrétiser n'importe quel projet qui leur est confié en emmenant avec eux les autres collaborateurs. Ils savent aussi, lorsque c'est nécessaire, penser de façon conceptuelle, radicale et critique.

Révéler leurs talents dans l'entreprise ne se fait pas toujours facilement. Or c'est indispensable pour qu'ils soient performants. Dans un cadre qui leur laisse cultiver leurs forces, ils génèrent avec leurs coéquipiers une intelligence collective et des réalisations exceptionnelles. Lorsqu'ils accèdent à des postes stratégiques ou à responsabilités, ils entraînent les autres à se dépasser et à réussir de mieux en mieux.

Coincés dans des postes qui ne leur permettent pas d'exprimer pleinement leurs talents, ou s'ils tombent sous l'emprise d'un manager toxique qui les en dépouille, ils n'arrivent plus à les mobiliser dans leur travail. Ils s'éteignent.

La performance d'un haut potentiel dépend en réalité d'un équilibre entre la prise en compte de ses caractéristiques spécifiques et le respect du cadre de l'entreprise. Un équilibre à trouver et à maintenir en permanence. Influencée par le contexte de l'organisation, sa gouvernance, sa culture et ses modes de management, la qualité de son travail repose sur la capacité de son environnement proche à le stimuler suffisamment mais aussi à assurer sa « sécurité psychologique ». Ces deux conditions sont essentielles pour optimiser ses résutats et ses interactions avec les autres.

Cette partie découle de la première et propose à l'employeur ou au manager amené à travailler avec des hauts potentiels des solutions pour établir et maintenir l'environnement nécessaire à la réussite collective.

Chapitre 4

CRÉER UN ENVIRONNEMENT ATTRACTIF ET GÉNÉRATEUR DE PERFORMANCE

« Vis comme si tu devais mourir demain,
apprends comme si tu devais vivre toujours. »

GANDHI

Le haut potentiel n'est pas logé à la même enseigne selon les cultures d'entreprise. Celles à la culture très française restent souvent élitistes et rigides dans leurs pratiques. Les diplômes priment sur la personnalité, le potentiel et la mise en œuvre de qualités humaines. Beaucoup d'organisations ne recrutent à certains postes que des candidats issus des grandes écoles ou ayant déjà fait ce pour quoi on les embauche et si possible chez l'un des concurrents directs. Sécurisées par la norme et la reproduction de ce qui a déjà été fait, elles survalorisent le « moule ». Cette tendance se retrouve dans l'ensemble de leurs politiques RH : rémunération, augmentation, promotion, formation… Cela limite l'expression du haut potentiel, s'il n'a pas, dès son arrivée, les bonnes « étiquettes » et témoigne d'une incompréhension ou d'une volonté de ne pas prendre en compte les ressorts des « stars ».

Les environnements anglo-saxons semblent plus pragmatiques. Dans leurs pratiques RH, les entreprises mettent l'accent sur les réalisations démontrées ou qualités acquises dans l'organisation plutôt que sur les diplômes. Elles considèrent que chaque salarié a des talents à développer quels que soient son origine et son parcours. L'important est la manière de les gérer et de les mobiliser. Elles sont plus favorables au développement du haut potentiel.

Ainsi, le ministre des Affaires économiques néerlandais déclare : « Stimuler les talents de personnes surdouées peut être très bénéfique pour l'économie de la connaissance. Cela est vrai tout particulièrement dès que de nouvelles solutions intelligentes sont recherchées sur des problèmes majeurs, quand il faut du courage pour conduire des expériences. Nous devons arrêter de regarder les surdoués comme des "Monsieur-Je-Sais-Tout" irritants, mais plutôt commencer à tirer parti de ce qu'ils ont à offrir en les encourageant[1]. »

L'idéal pour les hauts potentiels, ce sont les environnements internationaux, qui savent généralement combiner le meilleur de chaque culture.

La prise de conscience de la nécessité de s'appuyer sur les talents hors normes pour progresser dresse la voie à de véritables stratégies RH de développement de tous les potentiels d'une entreprise.

Ce chapitre fait le point sur celles qui fonctionnent particulièrement bien avec les hauts potentiels.

Millennials, seniors, femmes à haut potentiel : l'avenir de l'entreprise ?

Millennials à haut potentiel et entreprise : une équation impossible

Considérés comme bizarres, indécis, impatients, susceptibles, sensibles, capricieux, parfois fainéants, allergiques à l'autorité et à la contradiction, les millennials semblent différents de leurs prédécesseurs. On les dit coincés entre l'adolescence et l'âge adulte, avec une vision du monde bien particulière. Ils sont qualifiés d'idéalistes. Certains les appellent génération « snow flakes » *(flocon de neige),* eu égard à la nature même du flocon de neige qui « ne supporte rien, sinon il fond ».

Nés dans un monde digital, habitués à l'immédiateté, ils n'ont certes pas le même entraînement à l'effort que leurs aînés. Ayant vu leurs parents subir

1. Frans Corten, Noks Nauta, Sieuwke Ronner, « Highly intelligent and gifted employees: key to innovation? » Academic paper International HRD Conference 2006, Amsterdam.

les conséquences de crises économiques et défaillances managériales, ils n'adhèrent plus au mythe de l'entreprise qui, en contrepartie d'un salaire et d'une soumission à ses règles, offrirait des perspectives de développement et une vie professionnelle sécurisée. Elle ne les fait pas rêver. Quand ils y entrent, ils cherchent une mission plutôt qu'un travail, un coach plutôt qu'un chef, et veulent avoir de l'influence dans ce qu'ils font. Ils démissionnent quand ce qu'ils y trouvent ne correspond pas à leurs aspirations.

Pourtant, ils savent ce qu'ils veulent. Cela n'empêche pas qu'ils aient besoin d'être guidés pour y parvenir. Ils aiment travailler, mais différemment. Ils apprécient le digital mais aussi les rapports humains. Ils veulent avoir sur le monde, dont ils ont conscience des dérives, un impact positif. Ainsi, ils n'hésitent pas à boycotter les organisations dont les actions ne leur conviennent pas, comme en témoigne le « manifeste pour un réveil écologique » signé par 10 000 étudiants de grandes écoles pour dénoncer le « greenwashing », cette communication par laquelle les entreprises font croire à leur attachement à l'écologie tout en ayant des agissements contraires.

Ils rejettent aussi le « happy washing » pratiqué par les entreprises qui s'achètent une marque employeur plutôt que de remettre en question leurs pratiques managériales ou leur organisation du travail.

Les entreprises souffrent autant lorsqu'il s'agit de comprendre les millennials que lorsqu'elles ont affaire à des hauts potentiels. Or, si ces derniers ne représentent que 2,3 % de la population active, les millennials, eux, en représenteront la moitié en 2020.

Que dire du challenge à relever pour l'entreprise si elle souhaite attirer des personnes qui cumulent le fait d'être millennials avec celui d'être hauts potentiels ? Pourtant, elles ont besoin de ces compétences digitales inégalées.

La France bientôt exclue du mercato des cerveaux ?

Selon Laurent Alexandre[1]*, « un nouveau mercato se développe aujourd'hui qui concerne […] les cerveaux des chercheurs et des ingénieurs. La bataille fait rage pour les attirer. L'intelligence artificielle est le principal enjeu économique et politique : sa régulation et sa gouvernance engagent notre avenir. Les cerveaux biologiques capables de manager, d'organiser et de réguler les IA valent chaque jour plus cher. Les petits génies qui dirigent les GAFA comme Zuckerberg, Page ou Brin gagnent des milliards de dollars en attirant les meilleurs spécialistes. Les géants du numérique bâtissent leurs empires en achetant une quantité invraisemblable de talents à coups de millions de dollars. […]* Le Financial Times *révélait que, […] chez Google, un ingénieur très talentueux avait franchi la barre des 100 millions de dollars de bonus ».*

La France appréhende mal le phénomène du capitalisme cognitif où les profils capables d'organiser l'intelligence artificielle valent de plus en plus cher. La volonté de réduire au maximum les inégalités entre salariés, les résistances syndicales et le manque de capacités financières ou de réactivité des entreprises provoquent un exode des cerveaux.

La France pourrait devenir, d'après lui, « une colonie technologique des géants de l'IA ».

1. Chronique de Laurent Alexandre, « Le mercato des cerveaux », *L'Express*, 28 juin 2018.

Si Google accorde 100 millions de dollars de bonus à un ingénieur, ce n'est pas parce que Larry Page a perdu la tête. Il a probablement calculé, avant d'octroyer la prime, le retour sur investissement lié au travail de cet ingénieur. Ce travail terminé, il pourra sans doute se passer de lui, et probablement économiser bien d'autres salaires grâce aux développements qu'il a réalisés.

Toutes les entreprises n'ont pas les moyens de Google pour attirer les millennials à haut potentiel, mais elles ont toutes la capacité de mettre en place de nouvelles formes de collaboration, d'organisation et de management pour se rendre attractives pour des populations qui ne fonctionneront jamais comme les autres.

Composer avec les hauts potentiels « seniors », une nécessité

Force est de constater que, malgré leurs difficultés à attirer les millennials, certaines entreprises se privent aussi des précieuses compétences de personnes qui se voient qualifiées de « seniors » à 45 ans, alors qu'elles ne sont souvent qu'à la moitié de leur parcours professionnel.

Cette terminologie pour désigner les personnes éligibles à l'entretien de deuxième partie de carrière – obligatoire dans les sociétés de plus de cinquante personnes – semble révélatrice d'une conception de l'humain qui part du principe qu'à partir d'un certain âge l'individu n'est plus capable d'apprendre. Cela est contraire au mode de fonctionnement du haut potentiel, avide d'apprendre jusqu'à la fin de sa vie. Contraire aussi aux découvertes des neurosciences relatives à la plasticité du cerveau.

C'est lorsqu'il devient « senior » que le haut potentiel entre dans la partie de sa vie professionnelle où il est capable d'être le plus productif en matière d'innovation, compte tenu de son expérience. Steve Jobs avait 45 ans lorsqu'il a inventé la stratégie qui a révolutionné Apple, avec le concept du « foyer numérique » où l'ordinateur gère tous les aspects de la vie d'une famille.

Les innovations viennent-elles plutôt des jeunes génies ou des vieux maîtres ?

Les recherches démontrent que, si l'innovation conceptuelle vient de personnes jeunes, la plus grande partie des innovations est liée à l'expérience et viennent d'individus plus âgés qui, ayant eu l'esprit créatif toute leur vie, sont plus productifs sur le tard. C'est donc entre 46 et 60 ans que la production d'innovation est optimale. En témoigne le nombre de détenteurs de brevets par tranche d'âge aux États-Unis.

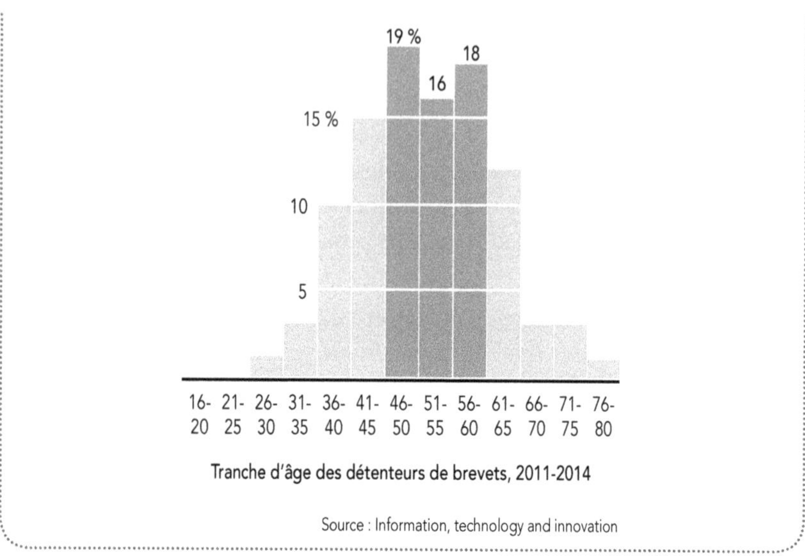

Qui peut se payer le luxe de se priver de ressources précieuses pour innover aujourd'hui ? Les hauts potentiels seniors en font partie.

Révéler les hauts potentiels féminins, une opportunité

« Sois intelligente mais tais-toi. » Le quotidien dans l'entreprise des femmes à haut potentiel peut se montrer éprouvant. Pour celles qui cumulent le fait d'être une femme avec celui d'avoir une intelligence différente, les plafonds de verre s'additionnent. Lorsqu'elles empiètent « naturellement » sur des domaines traditionnellement réservés à des hommes occupant des positions privilégiées, il arrive soit qu'elles leur servent de faire-valoir, soit qu'elles soient mises à l'écart et présentées comme des sources de problèmes qu'il convient de neutraliser.

Aussi, certaines prennent l'habitude de pécher par excès de discrétion. La conséquence directe est que cette attitude les maintient à l'écart de postes auxquels elles auraient accédé simplement si elles avaient été des hommes. Elles renoncent alors parfois à trouver leur épanouissement dans leur vie professionnelle. Il devient difficile de les repérer. Pourtant, il n'y a pas moins de femmes à haut potentiel que d'hommes, mais elles constituent l'actif le plus silencieux et discret de l'entreprise.

Dès le début du xxe siècle, la psychologue américaine Leta Hollingworth s'est attachée à combattre le préjugé en vogue à l'époque selon lequel les hommes avaient un plus grand spectre de talents que les femmes, en menant des recherches sur les enfants à haut potentiel qui ont apporté la preuve qu'il n'existe pas de différence entre les deux sexes en termes de niveau d'intelligence.

Lorsque toutefois les femmes à haut potentiel réussissent à franchir les obstacles et à prendre, dans l'entreprise, la place qui correspond à leurs talents, leurs aptitudes et qualités relationnelles efficacement combinées à celles, complémentaires, des hommes donnent des résultats exceptionnels en termes de mobilisation des équipes, de compréhension des besoins des clients et de construction des réponses à y apporter.

Conscientes de manquer de talents dans des domaines cruciaux, certaines organisations adoptent une démarche proactive pour attirer et mettre en valeur les femmes, faisant de leurs actions envers elles un atout compétitif pour mieux recruter ou pour gagner des marchés. Une stratégie de diversité, c'est souvent d'abord une question de business.

Les médias BtoB se font régulièrement l'écho de leurs initiatives pour apporter des solutions à la pénurie globale de compétences. En témoignent l'existence du trophée des Femmes de l'industrie de l'*Usine Nouvelle*, qui valorise les femmes ingénieurs, ou encore celle du trophée de la Femme de l'assurance porté par *L'Argus de l'assurance*. En récompensant les actions exemplaires menées par des femmes, ces distinctions contribuent à la visibilité des femmes dans leur société et à leur évolution plus rapide ou les aident à trouver de meilleures opportunités ailleurs.

Les Américains, pragmatiques, tirent parti des apports des femmes à haut potentiel depuis longtemps.

Les hauts potentiels féminins à la conquête de l'espace

En 1941, Franklin Roosevelt, persuadé que la guerre se jouera dans les airs, pousse au recrutement de mathématiciens et d'ingénieurs au sein de la Défense. L'absence d'hommes – ceux-ci étant au combat – force les agences fédérales à mettre un terme à la ségrégation et à recruter des femmes.

La mathématicienne Dorothy Johnson Vaughan rejoint, dans un centre de recherche, une division exclusivement féminine dont elle prend la tête en 1949. Ces brillantes Afro-Américaines, surnommées « ordinateurs en jupe », réalisaient à la main des calculs complexes.

Consciente que la prochaine étape des mathématiques se gagnera grâce au calcul par ordinateur, Dorothy Vaughan disrupte son métier, se forme elle-même à la programmation et l'enseigne à ses collègues. Toutes participeront au projet Mercury, le premier programme spatial américain à avoir envoyé un Américain dans l'espace.

Auparavant, les ingénieurs étaient tous des hommes blancs, issus des mêmes formations. Par leur Think Different, *ces femmes challengent les certitudes et croyances de ce collectif d'hommes, au point de réussir à faire décoller la navette spatiale.*

La NASA venait d'obtenir l'impossible grâce à l'intégration de femmes à haut potentiel dans ses équipes.

Agir sur la culture d'entreprise pour faciliter l'engagement

L'engagement des collaborateurs est un défi pour la plupart des entreprises en France.

C'est vrai pour tous les collaborateurs mais encore plus criant pour ceux à haut potentiel. Les politiques visant à générer de l'engagement ne les ciblent pas spécifiquement, mais ce qui est mis en œuvre pour tous est aussi bénéfique à leur intégration dans une équipe.

L'engagement au travail en France : une grande illusion ?

Selon une enquête réalisée par l'institut d'études américain Gallup, référence mondiale sur l'engagement des salariés au travail en mars 2018 :

- *6 % des salariés français s'estiment engagés au travail et impliqués dans leurs missions ;*
- *1 Français sur 5 se déclare désengagé et exprime activement sa souffrance.*

La France se situe à l'avant-dernier rang du classement européen, la moyenne des salariés engagés au travail tournant autour de 10 % en Europe, et de 33 % aux États-Unis.

De nombreuses entreprises ont compris la nécessité d'engager leurs talents et agissent pour adapter leurs culture, organisation et style de management. Les faire parler est un défi. Le chemin pour parvenir à modifier une organisation comporte des tâtonnements et nécessite du temps. De plus, il existe toujours un écart considérable entre ce qu'un dirigeant entend faire et la manière dont ses actions sont vécues ou perçues par les salariés, un décalage aussi entre son intention et la réalisation de sa vision.

Il est donc courageux de s'exposer pour partager une expérience de changement, forcément imparfaite et inaboutie. Pourtant, mieux vaut une action imparfaite qu'une parfaite inaction.

Les modèles d'organisation qui fonctionnent avec les hauts potentiels privilégient l'innovation, la confiance et la responsabilisation des équipes dans le respect d'une éthique partagée. Ils offrent des perspectives de développement aux collaborateurs dont l'éclosion des talents passe par l'expression de leur singularité. Ils font la part belle à des managers intuitifs et entrepreneurs, à la fois ambitieux et humains.

Liberté, singularité, exemplarité

Paul-Marie Chavanne, coauteur avec Olivier Truong de La Bienveillance en entreprise : utopie ou réalité *(Eyrolles, 2017), développe la vision qui l'anime en tant que président de Géopost et milite pour créer des relations plus sereines en entreprise.*

Selon lui, les organisations servent le business mais doivent s'adapter aux personnes choisies pour les piloter. « Les gens ne sont pas interchangeables […]. Il faut donc mettre les bonnes personnes aux bonnes places. C'est un rôle essentiel du dirigeant[1]. » Attaché à la force de l'intelligence collective, il explique les vertus d'un climat combinant liberté et respect mutuel, pour pouvoir la mobiliser : « Si les gens se détestent, ont peur les uns des autres, ne veulent pas dévoiler leurs projets, mettent des barrières au lieu de construire des ponts, tout est biaisé. Au contraire, […] lorsque les personnes sont dotées d'une parole libre, qu'elles se sentent concernées par un même sujet, elles sont capables d'aller à l'essentiel, même sur des dossiers très difficiles. »

L'exemplarité du management est, pour lui essentielle, par l'effet de contagion qu'elle provoque : « Lorsqu'il y a suffisamment de personnes qui s'efforcent de vivre ces valeurs, une amélioration permanente se produit. Les gens qui ont tendance à avoir un comportement différent sont alors invités […] à changer leur attitude. »

1. Interview de P.-M. Chavanne dans *Terre de compassion* (novembre 2017).

L'exemplarité du dirigeant est un élément essentiel de la mise en pratique d'une culture d'entreprise. Plus ses comportements sont cohérents avec ceux qu'il prône, plus il met aux postes clés des personnes qui partagent, appliquent et valorisent ces valeurs au quotidien, plus il lui sera aisé d'attirer les hauts potentiels.

Cette notion d'exemplarité, également chère aux millennials, se retrouve dans nombreuses start-up. C'est le cas d'Unow, où chacun veille à ne recruter que des personnes qui adhèrent aux valeurs que prône l'entreprise et sont capables de les mettre en œuvre au quotidien.

Parmi ces valeurs, celle intitulée NAMASTE[1] incite chaque collaborateur à toujours prendre soin de lui et des autres. Cela est en phase avec la conception d'un environnement de travail permettant à chacun de trouver son équilibre pour être à la fois performant, endurant et épanoui.

Le haut potentiel s'engage autour de valeurs incarnées au quotidien

L'entreprise idéale a une vision portée par son leader

Ce dirigeant nourrit cette vision. Il observe, ressent ce qui bouge chez ses concurrents, dans ses marchés, ailleurs. Il adapte la stratégie de l'entreprise à l'évolution de son environnement. Il apprend des erreurs des autres pour s'en préserver. Il sort régulièrement de son quotidien et fuit les courtisans. En laissant s'exprimer l'intelligence qui vient du terrain, il ne perd jamais de vue l'essentiel. Il sait s'entourer, échange, partage régulièrement son expérience avec d'autres, et pas seulement avec ses pairs. Lui aussi se forme et apprend tout au long de sa vie. Il communique sur ses valeurs.

Emmanuel Faber, dirigeant atypique de Danone et auteur de *Chemins de traverse : vivre l'économie autrement*[2], communique sur des valeurs à la fois économiques et éthiques fortes : l'humanisme, l'ouverture, la proximité et l'enthousiasme. Lors d'une remise des diplômes d'HEC, il enflamme la Toile par un discours qui prône l'interdépendance des objectifs économiques et sociaux sur lesquels l'entreprise moderne et responsable doit asseoir son développement. Tout cela met en lumière la nécessité de partager avec les hauts potentiels des valeurs et une vision pour qu'ils puissent y adhérer et mettre toute leur énergie en œuvre pour contribuer à la réaliser.

L'enjeu, ensuite, est d'incarner ces valeurs au quotidien, malgré toutes les tentations de s'en détourner.

---

1. *Namaste* vient du sanskrit, la langue sacrée de l'Inde, utilisée aujourd'hui pour exprimer une salutation, pour remercier ou pour demander quelque chose tout en étant une marque de respect.
2. Emmanuel Faber, *Chemins de traverse : vivre l'économie autrement*, Albin Michel, 2011.

Primauté à l'authenticité et aux rapports humains

Amélie Nothomb décrit son expérience de jeune stagiaire dans une entreprise japonaise[1] : « Yumimoto était l'une des plus grandes compagnies de l'univers. [...]. L'argent, chez Yumimoto, dépassait l'entendement humain. À partir d'une certaine accumulation de zéros, les montants quittaient le domaine des nombres pour entrer dans celui de l'art abstrait [...]. Les employés de Yumimoto, comme les zéros, ne prenaient leur valeur que derrière les autres chiffres. Tous, sauf moi, qui n'atteignais même pas le pouvoir du zéro. »

La description des dégâts occasionnés sur un haut potentiel par les managers de cette société hyper hiérarchique et ultra normée est poussée à son paroxysme dans ce récit autobiographique.

Il n'en reste pas moins que, pour bien fonctionner avec de hauts potentiels, l'entreprise doit être authentique et humaine avant tout. Elle s'intéresse aux personnes qui travaillent pour elle et les respecte. Elle valorise le sens de l'écoute. Ses managers privilégient le « parler vrai », au sens politique. Elle prend en compte le bien-être de ses salariés et préserve ceux qui sont très performants, mais aussi les autres. Ce faisant, elle met en œuvre les conditions d'un bien-être durable.

Témoignage HP – Annie, psychopraticienne, coach professionnelle, formatrice, conférencière

« À une époque de ma vie professionnelle, seule femme dans l'équipe, j'ai travaillé avec des collègues bienveillants et ouverts qui s'intéressaient à tout. On parlait de tout et de rien et on s'amusait en travaillant. Chacun partageait ses passions. Pour l'un, c'était la bière ; pour l'autre, les brocantes, et pour moi c'étaient le piano, le hautbois, l'équitation, le chant. J'arrivais à faire tout cela en plus de mon travail et de mes trois enfants en bas âge dont je m'occupais seule car je venais de divorcer.

1. Amélie Nothomb, *Stupeurs et tremblements*, Albin Michel, 1999.

On parlait de nos vies, c'était une dynamique vraiment humaine. On dit que, dans l'entreprise, il faut venir sans sa vie personnelle. Ce n'est pas possible. Une personne, c'est une entité, elle ne peut pas se couper en deux.

Je n'arrivais jamais à la même heure, comme je ne partais jamais à la même heure. Pour que je sois au top du top, il me fallait la plus grande liberté possible. Il n'y avait pas de rapports hiérarchiques rigides. Chacun avait un rôle et savait en quoi il contribuait au projet de l'entreprise.

On se disait les choses "cash", on savait s'écouter, même quand on n'était pas d'accord. On acceptait chacun tel qu'il était. Personne n'avait de costume. Il n'y avait pas de dirigeant, pas de directeur financier, pas de directeur commercial, nous étions tous nous-mêmes. Nous étions dans le collaboratif. C'était parfois un joyeux chahut, mais nous étions hyper performants. »

Des actions alignées avec les valeurs affichées

Aucun haut potentiel n'est dupe du marketing que l'entreprise organise autour de ses valeurs. Pour mobiliser, ces dernières doivent se traduire dans les actions des personnes qui les incarnent. Spontanément, le haut potentiel relève toutes les contradictions. Il déteste la langue de bois.

Témoignage HP – Solenn, consultante en recrutement

« Cela ne fait aucun sens d'afficher dans ses valeurs la diversité, d'embaucher des gens différents dans le cadre de politiques de diversité puis de leur dire de se conformer aux normes. »

Liberté et autonomie : une nécessité pour activer les talents

Ce qui a permis aux organisations traditionnelles de réussir pendant plusieurs décennies devient inopérant. Le contexte concurrentiel et le marché du travail ont énormément évolué. Pour rester compétitives, les organisations doivent s'adapter aux besoins de leurs collaborateurs dont les talents sont critiques pour leur survie, sous peine de ne plus réussir à en recruter.

C'est en évoluant en fonction des talents qui la composent qu'une organisation progresse. Le talent et la performance étant étroitement liés, l'agilité de l'entreprise et sa capacité à tenir compte de l'humain sont désormais indispensables à sa solidité.

Les « petits » réseaux de dirigeants et managers humanistes qui montent

EVH a pour ambition d'accompagner les dirigeants dans la transformation de leurs entreprises en partageant leurs initiatives pour rendre les managers et collaborateurs plus libres, conscients et responsables.

« Les patrons sentent que quelque chose ne fonctionne plus, qu'il faut faire autrement. Afin de permettre à nos enfants de vivre dans un monde meilleur, il faut faire tomber les masques, cesser de déconnecter nos aspirations, nos tripes et notre âme[1] », déclare Gilles Poirieux, son président.

EKLORE est un mouvement culturel d'humanité au travail. Son ambition est d'inspirer et rassembler celles et ceux qui s'engagent à donner un sens humain à leur activité pour construire des entreprises éthiquement performantes. Solenn Thomas, sa présidente, affirme : « J'ai l'intime conviction qu'il y a des gens ouverts à tous les étages des entreprises. Je pense que nous sommes coincés dans une systémique globale. Pour prendre une métaphore : plus que les poissons, c'est peut-être l'eau de l'aquarium qu'il faut changer[2] ? »

1. Préface de *Reinventing organizations* de Frédéric Laloux, *op. cit.*
2. Compte LinkedIn de Solenn Thomas.

Créer de l'autonomie à tous les niveaux

Un haut potentiel ne peut bien fonctionner que lorsque l'entreprise encourage l'autonomie. Il sait gérer le cadre contraint, à condition que les équipes aient la liberté d'organiser leur travail. Il est attaché à servir le projet collectif.

Témoignage HP – Philippe, directeur des opérations

« Lorsque je dirigeais un grand groupe, je disais à mes équipes : "Nous sommes vendredi soir, nous allons tous nous retrouver lundi midi à la gare Saint-Charles [à Marseille]. Le moyen que vous utilisez pour y arriver m'importe peu. En revanche, je souhaite que nous nous informions régulièrement de l'endroit où nous nous trouvons et qu'en cas de souci nous puissions nous en parler avec suffisamment d'anticipation pour apporter des solutions. Ne pas être à l'heure au rendez-vous sans avoir prévenu les autres est une faute grave." »

Fidéliser les talents par la confiance et l'autonomie

Jérôme Armbruster, cofondateur et président d'HelloWork, constate que la diversification des activités alourdit les processus de décision. Il recrée des petites entreprises dans la grande pour favoriser la prise de décision au plus près du terrain[1]*.*

Quelles structures pour responsabiliser les équipes ?

« Au centre, nous avons placé des binômes de Business Unit Managers et de Product Owners, autonomes dans la gestion de leurs budget, produits, plannings et développements.

Autour, des pôles d'expertise partagés travaillent à leur service tout en garantissant un même niveau d'excellence dans l'ensemble des activités. La DAF, la DRH et la DG sont aussi positionnées comme des fonctions expertes. »

---

1. Propos recueillis auprès de Jérôme Armbruster, cofondateur et président d'HelloWork, filiale du Groupe de presse *Le Télégramme*, qui emploie 250 collaborateurs et réalise 38 millions de chiffre d'affaires sur cinq activités digitales et neuf marques (décembre 2018).

Quels résultats ?

« La vitesse et l'énergie sont démultipliées. La réduction des circuits de décision élimine une partie des frottements internes. Des réunions régulières avec tous les managers du Groupe assurent la synchronisation des actions et la remontée des éventuelles difficultés. L'énergie est mise dans les produits, la relation avec les clients et la compétition avec les concurrents. »

Quelles difficultés de mise en place ?

« Les managers ont dû "lâcher prise", apprendre à faire confiance et laisser leurs collaborateurs fonctionner différemment de ce qu'ils auraient imaginé. Les salariés ont appris à être transparents sur leurs succès mais aussi sur leurs difficultés. L'actionnaire a dû s'adapter. Habitué à un mode de fonctionnement classique, il a eu du mal à concevoir que le PDG ne maîtrise plus tout mais a fini par convenir que, pour avancer vite, le dirigeant ne peut pas toujours tout savoir. »

Les entreprises qui donnent de la liberté à leurs hauts potentiels sont souvent les plus efficaces, à condition de s'être bien assurées au préalable que ces derniers aient bien compris les règles du jeu et de garder un système de contrôle bienveillant. Le lien entre responsabilisation des équipes et croissance organique se vérifie souvent.

Si Netflix est devenu un géant mondial du divertissement, c'est en partie grâce à une culture d'entreprise responsabilisante qui a permis aux employés d'évoluer de manière agile et de rebondir à chaque écueil rencontré. Les principales dimensions mises en avant par les personnes qui y travaillent sont la valorisation d'une haute performance et de la liberté alliée au sens des responsabilités.

Témoignage – Clémence, directrice marketing

« J'ai rejoint une start-up dont le mode de fonctionnement repose sur la confiance "par défaut". L'impact immédiat que cela provoque, c'est d'accroître l'exigence envers moi-même. L'objectif, dans cet environnement, n'est pas de plaire, mais plutôt de ne pas décevoir. Mon moteur interne est différent. Je fais appel à des ressources plus profondes.

Tout est optimisé pour la performance. Personne ne se sent obligé de créer du vent et chacun apporte uniquement les preuves réelles de sa compétence. Le processus de recrutement est sélectif, le on-boarding, très cadré, l'évaluation, régulière, bienveillante et collégiale (revue 360 pour tous, évaluation par les pairs…). Tous les actes managériaux reflètent les valeurs de bienveillance, transparence et efficience que prône l'entreprise. Quand ils ne le sont pas, une autorégulation immédiate par le groupe se produit. »

Si tout le monde n'est pas à l'aise dans ce type d'environnement, certains attachant plus d'importance à la sécurité de leur poste et à la stabilité qu'à la recherche de la performance, le haut potentiel s'y sentira comme un poisson dans l'eau.

Favoriser l'innovation collective

L'innovation est l'un des terrains de prédilection du haut potentiel. Il est programmé pour cela. C'est aussi une nécessité pour l'entreprise. Elle rayonne sur son marché lorsqu'elle propose régulièrement des choses nouvelles. Elle est d'autant plus rentable que sa croissance organique est profitable. Or, pour cela, il faut innover.

Innover, ce n'est pas forcément révolutionner un marché, inventer des produits ou services qui n'existent pas. Ce type d'innovation est rare. Ce peut être tout simplement regarder avec bon sens le présent et voir comment l'améliorer. Stopper les actions qui ne produisent pas les effets escomptés. Refuser de se décourager face aux « on l'a déjà fait, ça n'a pas marché » qui deviennent des mantras dans certains environnements de travail.

Comme le récit de la légende amérindienne du colibri, une entreprise qui innove, ce peut juste être une entreprise qui laisse chacun apporter à son niveau la nouveauté qui contribue à améliorer les produits, services, et aussi ses pratiques managériales. « Un jour […] il y eut un immense incendie de forêt. Tous les animaux terrifiés, atterrés, observaient impuissants le désastre. Seul le petit colibri s'activait, allant chercher quelques gouttes avec son bec pour les jeter sur le feu. Après un moment, le tatou, agacé par cette agitation dérisoire, lui dit : “Colibri ! Tu n’es pas fou ? Ce n’est pas avec ces gouttes d’eau que tu vas éteindre le feu !” Et le colibri lui répondit : “Je le sais, mais je fais ma part[1].” »

L’innovation managériale est souvent la solution à la conduite du changement lorsque les méthodes traditionnelles ne fonctionnent plus. Innover, c’est aussi un état d’esprit cher au haut potentiel : celui qui permet de se remettre régulièrement en question, de se réinventer, de prendre le risque d’échouer, mais aussi celui de réussir.

Une entreprise ne peut demander à ses équipes de réaliser des innovations majeures si elle ne leur donne pas le droit à l’erreur. Le haut potentiel, qui cumule en lui beaucoup de créativité et un perfectionnisme qui lui fait redouter de se tromper, a besoin d’apprendre que l’échec est parfois la meilleure école pour progresser.

Charles Pépin souligne : « Il y a les échecs qui induisent une insistance de la volonté et ceux qui en permettent le relâchement : ceux qui permettent de persévérer dans la même voie, et ceux qui nous donnent l’élan pour en changer. Il y a ces échecs qui nous rendent plus combatifs, ceux qui nous rendent plus sages, et puis il y a ceux qui nous rendent simplement disponibles pour autre chose[2]. »

« Avoir été renvoyé d’Apple a été la meilleure chose qui me soit arrivée »

Avant de devenir le célèbre fondateur d’Apple, Steve Jobs a eu une enfance particulière. Abandonné à sa naissance puis adopté par une famille modeste qui, face à sa précocité, s’est acharnée à développer ses talents, il a connu un parcours scolaire chaotique.

Ses collaborateurs, plus tard, attribueront son tempérament tyrannique et irrégulier à cette blessure d’enfance qui aurait laissé des traces indélébiles chez cet homme de génie.

1. Pierre Rabhi, *La Part du colibri – L’espèce humaine face à son devenir,* L’Aube, 2006.
2. Charles Pépin, *Les Vertus de l’échec,* Allary Éditions, 2016.

Après avoir créé, dans le garage de ses parents, la société qui l'a rendu multimillionnaire à 25 ans, il a basculé dans une posture narcissique. N'écoutant personne, refusant toute objection, il a acquis la réputation d'humilier régulièrement ses équipes. La conséquence de ce comportement a fini par le contraindre au départ, après avoir fait fausse route dans plusieurs de ses décisions.

Cette sortie brutale de l'entreprise qu'il avait bâtie a été une leçon d'humilité féconde. Après une « traversée du désert », elle l'a fait entrer dans la période la plus créative de sa vie, avec la fondation d'une SSII, le rachat de Pixar puis la reprise en main d'Apple, au bord de la faillite après des années de pilotage exclusivement financier de ceux qui l'avaient remplacé à sa tête. Ils avaient fini par tuer la vision à l'origine de son succès. C'est alors que Steve Jobs a pu inventer les produits qui permettront à Apple de reprendre sa croissance et la route du succès : iPod, iPhone, iPad, etc.

En parallèle, son style de management a évolué pour faire de lui un président toujours hyper exigeant, mais plus mature et responsable.

Le haut potentiel ne se sent en sécurité pour innover que lorsqu'il règne, dans son environnement de travail, une culture qui le permet. Cela suppose d'autoriser réellement l'erreur, mais aussi de donner à chacun les moyens de réussir, notamment en tirant des leçons de ses échecs. Dans ce type de contexte, le haut potentiel peut alors devenir un puissant catalyseur d'innovation collective.

Enfin, les nouvelles idées surgissent lorsque les conditions sont réunies pour innover collectivement. Cela suppose de favoriser les échanges entre collaborateurs et la prise de recul par rapport au quotidien.

Si les dirigeants de Google autorisent leurs salariés à consacrer 20 % de leur temps de travail à autre chose que leurs tâches habituelles – tant que cela reste utile à l'entreprise –, c'est pour entretenir leur curiosité et leur imagination et en tirer profit. Ils n'ont pourtant rien inventé puisque cette pratique est à l'origine de l'invention du Post-it chez 3M, en 1974.

L'innovation n'est évidemment pas la chasse gardée du haut potentiel. Elle est un moteur de plaisir pour tout le monde. Son existence et son intensité dépendent beaucoup du cadre que l'entreprise met en place pour l'encourager.

Témoignage HP – Charlotte, Managing Director

« J'ai récupéré une équipe de journalistes perdue. Des gens intelligents, mais plus habitués à exercer pleinement leurs talents. C'est le contrôle de gestion qui pilotait leur budget de fonctionnement, alors que le patron de la rédaction aurait pu l'optimiser beaucoup plus intelligemment.

Leur journal était devenu un outil de communication (gratuit) pour les annonceurs. Dommage, car la publicité est une de ses sources de revenu majeure ! Ils le "remplissaient", parfois sans réfléchir. C'était absurde. À leur tête, il y avait pourtant un manager brillant, mais usé par des années de non-sens.

J'ai tenté de les remobiliser en leur confiant des projets, des occasions d'apprendre, des opportunités d'être fiers de leur travail. Le contexte n'était pas favorable et il fallait aller vite. Le décalage entre ce que je leur demandais et ce à quoi ils étaient habitués était trop grand pour qu'ils le supportent.

Malgré des succès, la plupart sont partis. Un jour, j'ai recroisé l'un d'entre eux. Il avait monté son entreprise et était métamorphosé. Il avait retrouvé sa flamme intérieure et sa créativité. »

Quand une équipe reste trop longtemps bridée par un cadre qui brise l'innovation, l'enlever ne suffit pas toujours. C'est une évolution profonde de la culture qui est en jeu. Cela prend du temps.

Partager totalement l'information

Pour apporter des solutions efficaces, les hauts potentiels ont besoin d'articuler leur mission avec la stratégie de l'entreprise. Comprendre en quoi leur travail contribue à quelque chose de plus grand est un élément majeur de leur performance.

Leur manager peut les aider à situer leur rôle dans la structure en leur donnant une vue d'ensemble sur ses projets et une visibilité régulière sur le fruit de leurs efforts.

Et si partager permettait d'innover ?

Marylène Delbourg-Delphis, l'une des premières européennes à avoir créé une start-up dans la Silicon Valley, partage ses « recettes » pour conduire au succès une entreprise technologique :

- *encourager la pluridisciplinarité ;*
- *transformer chaque salarié en ambassadeur de l'entreprise ;*
- *partager toutes les informations utiles pour créer un respect du travail des autres.*

L'entreprise devient une université vivante dans laquelle chacun connaît ses produits, sait raconter son histoire de manière attractive et se mettre à la place de ses coéquipiers. Ainsi, les ingénieurs analysent la concurrence pour comprendre la valeur ajoutée des produits qu'ils développent et les commerciaux comprennent l'architecture des logiciels pour pouvoir répondre aux questions techniques des clients[1]*.*

Ces éléments, combinés, favorisent l'innovation qui fait la différence par rapport aux concurrents.

1. Propos recueillis auprès de Marylène Delbourg-Delphis.

Savoir repérer, développer et valoriser les talents

Mettre chacun à la juste place permet de faire fonctionner à plein régime les talents de l'entreprise. Chez le haut potentiel, cela réduit les frustrations qui découlent d'une répétition excessive des mêmes tâches ou du sentiment d'être sous-employé.

Confrontés à la routine, ses talents se tarissent. Aussi, il privilégie les environnements où l'apprentissage va de pair avec l'évolution dans l'entreprise, ceux où chacun progresse en fonction de ce qu'il apporte.

Enfin, l'entreprise qui valorise les talents sait apprendre et progresser. Elle sollicite régulièrement les avis de ses collaborateurs *via* des enquêtes internes et systématise les entretiens de départ. Elle apprend de ses erreurs et profite de chaque feed-back constructif pour évoluer.

Créer un environnement de travail basé sur la confiance et l'efficience

La confiance et l'efficience sont des notions clés pour le haut potentiel. Sa tendance naturelle au doute appelle de la clarté et de la transparence sur ce qui est attendu de lui ainsi que des preuves régulières de confiance.

Quant à l'efficience, c'est ce qu'il recherche naturellement, lui qui n'apprécie l'effort que s'il est assorti de résultat. Aussi, les meilleures intentions du monde non suivies d'efficacité ne trouveront jamais grâce à ses yeux.

Témoignage HP – Aurélien, ingénieur d'études

« Dans ma société, les décisions ont toujours été prises de manière diffuse. Aujourd'hui, le patron légitime cela en cherchant à mettre en place un système d'holacratie, une organisation de la gouvernance fondée sur la mise en œuvre formalisée de l'intelligence collective. Les mécanismes de prise de décision sont disséminés au travers de petites équipes, les cercles auto-organisés.

Cela a des côtés sympathiques, mais aussi des limites. Nous pouvons perdre du temps à écouter les opinions des personnes sur des sujets qu'elles ne maîtrisent pas, voire pas du tout. Pourtant, elles sont autant valorisées que les experts du sujet. Personne ne tranche.

Parfois, cela devient le bazar et provoque l'effet inverse de celui visé au départ, à savoir la fluidité.»

Proposer des indicateurs de performance utiles et clairs

Pour satisfaire la soif d'efficacité du haut potentiel, l'entreprise a intérêt à se donner des politiques, procédures, indicateurs de performance ainsi que tout autre outil de management qui permet d'éviter le flou et de réduire les zones d'inefficacité.

Sans objectifs ni indicateurs, l'organisation devient anxiogène avec tous les effets pervers qu'on imagine.

Ces outils ne sont utiles que s'ils sont cohérents, bien alignés et évolutifs. Leur finalité n'est pas de rassurer un manager, dirigeant ou actionnaire stressé, mais d'aider chacun à situer ses réalisations par rapport à ce qui est attendu et à prendre conscience du chemin à parcourir pour s'améliorer.

Témoignage HP – Yann, support administratif, commercial et juridique zone export

« Les KPI peuvent être source de stress. Tout dépend s'ils sont utilisés pour faire progresser ou sanctionner les équipes, si l'objectif est réalisable ou non. Un objectif inatteignable peut pousser au suicide. »

Ce sont des garanties d'efficacité : un reporting bien conçu permet de trier les actions qui marchent et celles qu'il vaut mieux abandonner, une procédure claire aide à aller vite et évite de « réinventer la roue » lorsque c'est inutile.

Libérée, délivrée, je garderai mes KPI !

Créée en 1957, la fonderie FAVI (500 collaborateurs) produit des pièces techniques pour de nombreux secteurs d'activités. Jean-François Zobrist, pionnier de l'entreprise libérée, transforme radicalement son organisation en pilotant son business à travers trois KPI qu'il explique[1] :

- *le cash-flow mensuel, « qui oblige à faire un compte d'exploitation chaque mois, mais pas avant le 15 du mois, sachant que mieux vaut des comptes justes le 20 du mois, que faux le 5 » ;*
- *la marge par pièce, calculée directement par les opérateurs aidés du commercial. « Cet indicateur n'est pas centralisé, il reste dans chaque mini usine comme guide pour savoir où faire porter l'effort de productivité » ;*

1. Rencontre-conférence avec Jean-François Zobrist, organisée pour la communauté de talents du cabinet de recrutement TOD.

- *Le nombre de pièces produites par machine par heure payée. « Là encore, cet indicateur reste au sein de chaque mini usine. »*

Il n'y a pas de performance sans langage et indicateurs communs. « Libre d'utiliser les outils de la qualité à sa manière, chacun les adapte à son cas particulier comme un indicateur personnel de progrès. »

Témoignage HP – Yann, support administratif, commercial et juridique zone export

« Mon entreprise gère mal ses équipes commerciales. Chaque année, pour fixer les objectifs, le directeur commercial regarde ce qui a été fait l'an passé et annonce : "On te demandait 80 k€ et tu as fait 100 k€ l'an dernier. Tu feras 110 k€ l'année qui vient." Il ne nous implique jamais dans la fixation de nos objectifs ni n'en questionne le réalisme, compte tenu du contexte. Résultat, le marché sait que les commerciaux sont traités comme du bétail et mon entreprise n'arrive plus à recruter. C'est plutôt nos concurrents qui recrutent chez nous.

Quand elle y parvient, elle n'attire pas les meilleurs. Les nouveaux sont désespérés, incompétents, ou pas du tout en phase avec les intérêts de l'entreprise. Ce n'est pas avec eux qu'elle peut espérer être pérenne.

Tout cela car le directeur commercial ne sait pas écouter ses équipes ou résister à ses chefs qui lui mettent une pression probablement considérable. »

Il arrive que l'entreprise intègre dans ses KPI des indicateurs de performance managériale afin d'avoir une vision sur la qualité des managers et les faire progresser. Elle a l'ambition, à travers ces actions, de fidéliser ses talents. Le haut potentiel y est sensible.

Offrir un cadre de travail compatible avec l'hyperesthésie

Le bureau individuel n'est plus la norme. Les salariés travaillent souvent en open spaces. Cela peut être fatal pour le haut potentiel qui souffre d'hyperesthésie. Ce dernier optimise son fonctionnement dans un environnement bien éclairé, insonorisé et harmonieux.
S'il doit travailler toute la journée en espace partagé, il appréciera d'avoir un lieu pour s'isoler et des endroits favorisant la convivialité pour répondre à son besoin de socialisation. L'entreprise, en mettant en place de tels espaces, démontre qu'en contrepartie des économies réalisées autour des bureaux, elle sait investir pour répondre aux besoins de ses collaborateurs. Cela contribue à construire une relation gagnant-gagnant.

Témoignage HP – Sarah, chargée de communication

« Hyper sensible au bruit, je suis contente de ne pas trop travailler en open space. Pour moi, c'est inhumain. Je travaille mieux avec un bon éclairage, car la lumière artificielle joue énormément sur mon moral.

Une fois, j'ai eu la chance de me retrouver dans un bureau isolé avec la possibilité de le personnaliser. C'était génial. J'ai pu choisir la couleur des murs, apporter des plantes. Je me suis investie dans la décoration du lieu comme je m'investis dans mon travail. »

Privilégier une organisation du travail flexible et efficiente

Accorder de la liberté à un haut potentiel, c'est lui donner une preuve de confiance et la marge de manœuvre nécessaire pour s'organiser le plus efficacement possible. La flexibilité du temps de travail et le télétravail, s'ils traduisent une réelle volonté de penser résultat plutôt que lieu ou horaires et s'ils sont mis en place de manière structurée, sont de puissants outils pour permettre aux personnes qui apprécient ces modes d'organisation de gagner en efficacité.

Témoignage HP – Sarah, chargée de communication

« Mon rythme de travail est particulier. Je dois veiller à respecter mes rythmes biologiques pour être productive. Chaque fois que j'ai forcé mon corps à faire différemment, je suis tombée malade. J'ai travaillé dans une entreprise où il y avait une véritable flexibilité des horaires de travail, c'était une bénédiction de pouvoir suivre mon propre rythme.

Dans mon entreprise actuelle est installé un canapé à sieste dans une pièce. Notre manager nous encourage à y passer dix à vingt minutes, en cas de coup de barre. Quand on n'est bon à rien, mieux vaut employer le temps à se reposer pour se remettre ensuite à travailler en pleine forme et les idées claires. »

Ce travail « à la carte » est encore plus efficace combiné à l'organisation de moments réguliers où l'équipe se retrouve. Le haut potentiel apprécie d'avoir des contacts avec ses collègues. Cette formule fait ses preuves au Danemark, où elle est très largement proposée. C'est un pays dans lequel la productivité des entreprises est, d'ailleurs, l'une des meilleures de l'Union européenne.

Créer une organisation agile, exigeante et performante

L'entreprise qui met œuvre tout ce qui est décrit précédemment se donne les chances d'attirer les « stars » et de figurer parmi les plus performantes du marché sur lequel elle opère.

Témoignage HP – Alain, directeur de formations

« J'ai eu la chance de travailler dans des endroits où les dirigeants et mes collègues étaient équilibrés, ouverts, responsables, coopératifs, adultes. Dans ces environnements, je me suis senti compris et encouragé à progresser. J'avais l'impression que l'on prenait soin de moi.

C'est dans ces cultures que mon évolution professionnelle a été la plus rapide et la performance financière de mes équipes la plus spectaculaire. La créativité et l'innovation étaient encouragées, la performance était récompensée, le cadre fixé pour travailler et les fonctions supports étaient organisés pour que chacun puisse se concentrer à 100 % sur la mission qui lui était confiée. »

Les entreprises agiles et performantes accordent une importance particulière au développement et à la valorisation des compétences managériales. En effet, la mise en œuvre durable d'un environnement qui génère de la performance n'est possible que si chaque manager le comprend et intègre au quotidien les éléments qui le composent. Il est ainsi en mesure de piloter son équipe avec intelligence et agilité.

Ces entreprises ne tolèrent pas longtemps les comportements nuisibles ou contraires au jeu collectif, et ce d'autant plus de la part des personnes qui occupent une position hiérarchique élevée.

Neutraliser les collaborateurs toxiques est aussi un moyen de procurer à l'ensemble des collaborateurs de la sécurité.

En bref

Parfois agacées ou désemparées face aux attentes des hauts potentiels dont elles ont besoin pour assurer leur avenir, les entreprises, désormais confrontées à l'évolution de la relation au travail et à une guerre des talents sans précédent, n'ont pas d'autre option que d'essayer de composer avec eux.

De nouvelles formes de relations professionnelles s'installent, accompagnées d'une évolution des cultures et organisations vers des modèles compétitifs, performants et authentiques. Ce sont des éléments sur lesquels les hauts potentiels ne sont plus prêts à transiger. Leur donner de l'autonomie, faire preuve d'agilité et d'ouverture d'esprit, créer des environnements de travail efficaces et humains sont de puissants leviers de performance et d'innovation collective.

S'il s'agit de sérieux défis pour les dirigeants, managers et professionnels des ressources humaines, répondre à ces exigences des hauts potentiels est aussi l'occasion de réussir à construire un modèle d'organisation adapté aux enjeux du XXIe siècle.

Chapitre 5

OSER LE LEADERSHIP ÉCLAIRÉ POUR FIDÉLISER LES HAUTS POTENTIELS

« Ta différence, mon frère, loin de me léser m'enrichit. »

ANTOINE DE SAINT-EXUPÉRY

Les hauts potentiels challengent les pratiques managériales. Confrontés à un manager d'exception, ils réalisent l'impossible. À l'inverse, sous l'emprise d'un manager qui n'en est pas un ou qui leur met des bâtons dans les roues, ils souffrent jusqu'à ne plus être capables de travailler. Leur niveau d'exigence est un défi pour la plupart des personnes nommées dans des postes de management. Ce n'est pas qu'ils aient envie de remettre en question leur manager, c'est qu'ils ne supportent pas la médiocrité managériale. Comme dans tous les domaines, ils attendent de l'excellence.

Témoignage HP – Alienor, directrice conseil et fondatrice

« Être identifiée surdouée à 42 ans a offert un éclairage nouveau sur ma carrière. Je comprends mieux mes besoins, appétences, compétences, expertises, facilités. Je m'explique mieux aussi certaines incompréhensions, frustrations et relationnels parfois difficiles en entreprise. Cette lumière neuve enveloppe mon franc-parler, mon irrépressible besoin de liberté d'action et d'honnêteté dans le travail avec les autres, mon goût pour la performance, ma nécessité de gérer des dossiers transverses ayant de l'impact, mes intérêts pour des disciplines variées.

Mes succès et mes échecs ont souvent tenu à ces besoins, dépendant profondément de la qualité relationnelle et hiérarchique rencontrée en entreprise. J'ai été très performante lorsqu'ils étaient comblés et en sabordage personnel quand ils étaient bafoués. Il suffit pourtant de quelques gouttes de confiance, de liberté et de reconnaissance pour que je déplace des montagnes et souvent, sans grand investissement de la hiérarchie car je suis autonome, voire autodidacte. »

Le manager joue un rôle clé dans leur responsabilisation, leur coaching et leur performance mais peut aussi, s'il est défaillant, avoir un sérieux impact sur leur motivation et leur santé.

L'Organisation mondiale de la santé définit d'ailleurs cette dernière comme « un état de complet bien-être physique, mental et social, qui ne consiste pas seulement en une absence de maladie *ou* d'infirmité » et qui représente « l'un des droits fondamentaux de tout être humain ».

Plusieurs études[1] soulignent les effets de la déficience managériale sur la mobilisation et la santé des équipes en alertant sur le coût de l'absentéisme, du turnover et des accidents du travail. Il serait en France, selon les évaluations, autour de 100 milliards d'euros par an, soit l'équivalent du budget du ministère de l'Éducation nationale.

À la recherche des 107,9 milliards d'euros[1] perdus

Les indicateurs de dysfonctionnements managériaux en France :

- *4,72 % de taux moyen d'absentéisme ;*
- *17,2 jours d'absence en moyenne par an et par salarié.*

Les leviers pour les réduire :

- *l'autonomie ;*
- *la convivialité ;*
- *les horaires adaptés ;*
- *l'ambiance dans l'entreprise ;*
- *les évolutions salariales.*

1. Coût annuel estimé de l'absentéisme lié aux dysfonctionnements managériaux dans le baromètre 2018 Ayming-AG2R La Mondiale.

1. Étude Gallup sur l'engagement au travail et baromètre Ayming-Ag2r La Mondiale (2018).

Au-delà de la problématique spécifique des hauts potentiels, si valoriser un management vertueux permet de réaliser autant d'économies, n'est-ce pas une raison suffisante pour s'y intéresser sérieusement ?

Ce chapitre détaille, à partir des pratiques managériales qui ont permis aux hauts potentiels de donner le meilleur d'eux-mêmes, les approches qui fonctionnent.

Les pratiques managériales qui inspirent les hauts potentiels

À la question : « Dans quel contexte avez-vous réussi à donner le meilleur de vous-même ? », neuf fois sur dix, les hauts potentiels font allusion aux managers qui les ont inspirés, leur ont donné confiance en eux et permis de se dépasser.

Témoignage HP – Sarah, chargée de communication

« J'ai arrêté l'école tôt pour travailler car je ne supportais pas la fac. Cela m'a amenée à me retrouver dans des petits boulots, extrêmement en deçà de mes capacités. Parfois, je partais dès la fin du premier mois tellement c'était insupportable. J'avais l'impression de n'être bonne à rien. Mes expériences ont été affreuses, jusqu'à ce que mon CV tombe entre les mains d'une manager exceptionnelle.

Avec une approche du travail très anglo-saxonne, sans *a priori* sur les gens, elle donnait sa chance à chacun pour réaliser des choses nouvelles et faisait ensuite évoluer les personnes en fonction des comportements et résultats observés. Quand j'ai rejoint son équipe, le travail m'a semblé pénible. J'avais peur de m'ennuyer mais je trouvais l'ambiance géniale. Elle faisait tout pour nous montrer au quotidien en quoi nous contribuions au projet collectif. Elle me disait souvent que mon travail était super.

Je secondais une collaboratrice qui faisait des erreurs grossières. Voyant que je m'en sortais mieux qu'elle, elle a profité de son départ pour me donner sa place. N'y connaissant rien, j'ai appris sur le tas, avec des tâches simples au départ puis de plus en plus complexes. Je progressais ainsi sans me décourager.

Un jour, ma patronne n'avait plus les moyens de me faire aller plus loin dans la structure. D'après elle, j'avais tellement de potentiel à exprimer qu'il était temps que je parte le faire ailleurs car je méritais mieux !

Elle avait restauré mon estime de moi. Depuis cette expérience, ma trajectoire professionnelle a pris une tout autre tournure. »

Si, pour certains, le manager qui permet d'être performant est simplement celui qui laisse une liberté suffisante pour mener à bien leur mission, pour d'autres, la rencontre avec un manager d'exception peut changer le cours d'une vie professionnelle. C'est dire à quel point la qualité de la relation avec le manager est essentielle.

Ce qu'ils retiennent des managers qui les ont marqués

Pragmatiques et justes, ils donnent du sens, quel que soit le contexte de leur entreprise.

Ils responsabilisent, organisent le travail, encouragent les efforts, récompensent les réussites et, surtout, font passer l'intérêt collectif avant leur intérêt personnel.

Témoignage HP – Alain, directeur de formations

« J'ai eu plusieurs managers qui m'ont permis de progresser. Tous me donnaient les "clefs du camion". Ils m'expliquaient ce qu'ils attendaient de moi et me laissaient ensuite avancer de manière autonome. Les objectifs, je les connaissais. Le plan pour les atteindre, je le construisais.

J'ai été dans cette configuration avec différents types de personnes : une compétente et bienveillante, une autre qui ne faisait pas grand-chose mais me laissait libre d'avancer et, enfin, une troisième qui ne connaissait pas mon métier et me laissait faire car les résultats étaient au rendez-vous et qu'elle avait confiance.

Au final, c'est cette liberté d'action et cette confiance qui me plaisaient, laissaient de l'espace pour innover et m'ont permis d'évoluer. »

Les managers qui savent repérer les talents dans leurs équipes et les mettre en valeur marquent des points avec les hauts potentiels. En laissant de la place à l'autonomie et du temps pour la créativité, ils créent les conditions pour qu'ils prennent un immense plaisir à travailler.

Confucius disait : « Choisissez un travail que vous aimez et vous n'aurez pas à travailler un seul jour de votre vie. » Le haut potentiel pourrait ajouter : « Choisissez un manager qui vous nourrit intellectuellement et humainement et vous n'aurez pas à travailler un seul jour de votre vie. »

Ces managers font preuve d'intelligence relationnelle accordent leur confiance à leurs équipes. Ils ont aussi des valeurs fortes qu'ils expriment dans leurs actions quotidiennes. Ils sont authentiques et véhiculent de la cohérence.

Témoignage HP – Bénédicte, coach

« Après une terrible expérience professionnelle, j'ai rencontré le manager qui est devenu le meilleur de ma vie, dont je n'aurais jamais imaginé l'existence au regard de ce que j'avais vécu avant. L'équipe qu'il a composée regroupe des personnalités très différentes aux talents complémentaires. Tout le monde se respecte. Il nous tire tous vers le haut et applique ses valeurs au quotidien. Je suis globalement alignée avec celles-ci et le voir les appliquer dégage tellement de cohérence que je m'y adapte sans difficulté.

Mes managers précédents prenaient toujours leurs décisions en fonction de leurs propres intérêts. Désormais, c'est l'intérêt collectif qui prime, même si l'intérêt individuel compte aussi.

Son seul défaut : il oublie souvent de remercier, mais ce n'est pas grave. Le reste compense largement. »

Que le manager se rassure : malgré leur niveau d'exigence élevé, les hauts potentiels savent aussi faire preuve d'indulgence avec leur chef, conscients que la perfection en termes de management ne peut exister.

Ce qu'ils ressentent lorsqu'ils sont managers

Certains évoquent leur expérience de manager comme l'une de leur plus grande fierté lors de leur parcours en entreprise.

Témoignage HP – Moncef, Strategy Manager

« L'une de mes plus grandes satisfactions est d'avoir fait grandir mon équipe à l'occasion de la gestion d'un projet complexe. J'ai fait en sorte de leur fixer des objectifs ambitieux mais réalistes. Je les ai accompagnés pendant une grande partie du projet, en leur fixant des objectifs. Nous travaillions ensemble en totale confiance les uns envers les autres.

Le client a été satisfait et tout le monde avait gagné en compétence. »

Si une partie d'entre eux apprécient de travailler et « produire » en solo, diriger une équipe représente, pour d'autres, une immense joie. Ces derniers s'épanouissent à aider leurs collaborateurs à grandir et à les amener vers le succès individuel et collectif. Pour eux, créer et construire seul est stimulant, mais le faire à plusieurs permet d'aller plus vite et beaucoup plus loin.

Manager, c'est aussi l'occasion de créer une communauté humaine inspirée qu'ils engagent en laissant à chaque personne le niveau de liberté auxquels eux-mêmes sont tant attachés.

Témoignage HP – Philippe, vice-président

« Ce que j'ai adoré faire dans mon parcours au sein de grands groupes a été de manager des collaborateurs. Je recrutais des personnes issues d'univers différents pour qu'elles imaginent des solutions nouvelles. Je fixais les objectifs, mais jamais les moyens pour y arriver. Bien entendu, j'étais toujours là pour ceux qui avaient besoin d'aide, mais n'ai jamais présupposé que la meilleure façon de faire était la mienne.

J'ai géré mes équipes avec l'envie de faire avancer les choses.

Cela ne m'empêchait pas d'être dur quand il le fallait. Je prenais des décisions qui ne plaisaient pas à tout le monde. Je crois néanmoins que, malgré mon exigence, 95 % de mes anciens collaborateurs auraient envie de retravailler avec moi. »

Ce qu'un manager ne doit jamais oublier : savoir s'adapter

Les hauts potentiels peuvent avoir des besoins différents, selon leur type de profil, leur âge, leur sexe, leur origine et aussi en fonction du moment de leur vie professionnelle où ils arrivent dans une équipe. Aucune recette ne marche avec tout le monde. Le succès d'une approche managériale dépend du contexte et de la manière dont elle est appliquée.

Avec ce type de collaborateurs, il est nécessaire, dans tous les cas, de faire preuve d'écoute, d'imagination, de souplesse et de beaucoup d'agilité.

Apporter une valeur ajoutée à des collaborateurs super performants

Le haut potentiel est intensément tout. C'est une caractéristique clé de sa personnalité contre laquelle il est dangereux d'aller. Celui qui l'accompagne doit l'intégrer.

Le management n'a d'utilité que s'il est de qualité

S'ils choisissent de devenir entrepreneurs ou indépendants, c'est rarement par rejet du concept de management dont les hauts potentiels saisissent parfaitement l'utilité, mais plutôt car statistiquement, être managés représente pour eux plus de risques que de bénéfices. La multiplication des mauvaises expériences, personnelles ou vécues par procuration, leur ôte parfois même l'envie d'essayer.

Dans ces conditions, difficile pour une entreprise d'attirer des hauts potentiels millennials.

L'influence sur la réussite des collaborateurs talentueux d'un management de qualité et, par ricochet, sur les performances de l'entreprise est désormais intégrée par ceux qui pourtant avaient commencé par le remettre en cause, en considérant le management comme l'un des bastions de l'organisation hiérarchique.

Ainsi, en 2008, les dirigeants de Google avaient lancé une étude sur le thème « Les managers sont-ils vraiment nécessaires ? » espérant, compte tenu de la composition de leurs équipes – essentiellement des jeunes têtes bien faites – pouvoir s'en passer. Contre toute attente, l'étude a confirmé l'utilité du management, mais seulement à condition que ceux qui « managent » se comportent comme de vrais managers. Ainsi est né le programme OXYGENE, qui définit précisément le rôle attendu de chacun, à travers une liste de comportements observables.

Les dix qualités du manager dont Google ne peut pas se passer

1. *C'est un bon coach, qui donne des feed-backs précis et constructifs, alternant points positifs et négatifs, et qui s'adapte à ses collaborateurs.*
2. *Il a une vision globale du management et responsabilise son équipe. Il laisse de la liberté à ses collaborateurs, se rend disponible quand c'est nécessaire et les confronte régulièrement à des sujets ambitieux.*
3. *Il s'intéresse aux succès et au bien-être de ses collaborateurs. Il les connaît et les aide.*
4. *Il est orienté résultats, et sur les moyens de les atteindre. Ambitieux pour son équipe, il facilite l'atteinte des objectifs, priorise le travail et transmet son expérience pour lever les obstacles.*
5. *Il communique bien et écoute. Clair et direct dans ses messages et sur la fixation des objectifs, il partage l'information, encourage les échanges ouverts et prend du feed-back.*

6. *Il facilite l'évolution de carrière de ses collaborateurs.*
7. *Il a une vision et une stratégie claire pour l'équipe. Il maintient un cap et des objectifs.*
8. *Il a les compétences techniques nécessaires pour accompagner son équipe, comprend les enjeux et spécificités du métier et met les mains « dans le cambouis » lorsqu'il le faut.*
9. *Il collabore avec les membres des autres équipes.*
10. *Il prend des décisions et les assume.*

Quelques années plus tard, grâce aux travaux de Julia Rodovsky, analyste RH et chercheuse à Harvard, Google découvre les modèles d'organisation qui permettent d'obtenir un maximum d'efficacité des équipes. Ceux-ci s'appuient sur cinq clés :

- la sécurité psychologique des salariés ;
- la codépendance entre les membres d'une équipe ;
- la clarté des structures et des buts ;
- le sens donné au travail de chacun ;
- la perception de chacun de son impact.

Tout cela marque très nettement le retour de l'activation du cerveau droit des managers.

Quelle place pour le manager face à des super performants ?

Manager HP + collaborateurs HP : attention, danger

Le manager confronté à des hauts potentiels, s'il fonctionne comme eux, n'a aucun souci de positionnement car il agit naturellement « comme il faut ». Il les inspire, les dynamise, les pousse à se dépasser et en obtient vite un très haut niveau de performance.

Il doit en revanche veiller à leur appliquer ce qu'il a du mal à faire pour lui-même : être bienveillant, les encourager à déconnecter régulièrement et, aussi, challenger régulièrement son niveau d'exigence pour les préserver d'une suractivité que son comportement naturel risque d'attiser.

Il arrive que le haut potentiel se développe mieux avec des managers qui ne renforcent pas ses réflexes habituels.

Manager non HP + collaborateurs HP : une complémentarité à trouver

Lorsque le manager fonctionne différemment de ses collaborateurs, il risque d'avoir, tout du moins au départ, de réelles difficultés à établir sa légitimité. Il peut cependant beaucoup leur apporter grâce à sa complémentarité, à condition d'apparaître comme quelqu'un capable de les coacher. Il devient alors un partenaire de leur réussite en développant une relation qui s'apparente à celle d'un maître avec son disciple. Sa première valeur ajoutée est de les aider à prendre conscience de leurs talents et à les valoriser dans l'entreprise.

Il arrive fréquemment, surtout au début de leur carrière, que les hauts potentiels n'aient pas conscience de ce qu'ils apportent de spécial car ils apprécient mal ce qu'ils produisent sans effort. Le positionnement qui s'impose alors, pour leur manager, s'apparente à celui d'un accompagnant bienveillant qui les incite à développer leurs domaines d'excellence et à réguler leur niveau d'énergie.

Lorsqu'il acquiert davantage d'expérience, le haut potentiel apprécie de construire une relation fondée sur le respect mutuel avec son manager. Ce dernier doit alors lui confier des responsabilités adaptées à ses capacités et le laisser faire. Il peut lui apporter de l'expertise, de l'échange de points de vue et une prise de recul souvent précieuse pour l'aider à sortir régulièrement la tête du guidon. L'un et l'autre s'enrichissent alors mutuellement.

Dans tous les cas, il est souhaitable que le manager accompagne discrètement mais activement l'évolution de son collaborateur dans son équipe ou plus largement dans l'organisation.

Accompagner un super performant dans son développement

La majorité des hauts potentiels se développent seuls. Il suffit de les mettre dans leur zone d'excellence et de les alimenter en leur donnant du grain à moudre. Ce dont le manager doit se préoccuper, c'est de les exposer aux situations qui leur permettent de révéler leurs talents et de les développer : des situations qui comportent des challenges et de la nouveauté.

Il doit éviter de les laisser s'ennuyer.

Les hauts potentiels : de drôles de Gremlins ?

Créatures imaginaires du film éponyme, les Gremlins désignent la forme dangereuse d'un mignon petit animal, le Mogwaï. Pour en tirer le meilleur parti, il faut respecter des règles : éviter de l'exposer à la lumière, de le mouiller et de lui donner à manger après minuit. Enfreindre ces consignes le transforme en créature violente ou le tue.

Avec les hauts potentiels, les règles sont les suivantes :

1. *Éviter le flou, leur donner un cadre qu'ils puissent challenger.*
2. *Ne jamais leur mettre de bâtons dans les roues, respecter leur manière de faire.*
3. *S'assurer qu'ils ont compris ce qui est attendu d'eux, avant de les laisser « foncer ».*

L'accompagnement managérial des hauts potentiels se résume à la stimulation de leurs talents, au décryptage des règles de l'entreprise pour les aider à s'y adapter au feed-back régulier, donné dans une perspective de progression.

Pour réussir à cibler et à doser correctement leurs efforts, les hauts potentiels ont besoin d'être régulièrement rassurés sur la valeur de ce qu'ils apportent.

Témoignage de manager de HP – Anne, directrice de rédaction

« J'ai vu comme une opportunité l'arrivée de cette collaboratrice brillante. Elle apportait des compétences et connaissances que personne d'autre n'avait. Nous avions des personnalités très différentes : si elle pouvait m'apporter beaucoup, j'avais moi aussi énormément de choses à lui apprendre. Je n'ai eu de cesse de lui démontrer que nous étions complémentaires, et ne me suis jamais mise en frontal avec elle. En termes d'organisation, elle avait une totale liberté. Je savais que, où qu'elle soit et quoi qu'elle fasse, son travail serait toujours impeccable.

C'était une personnalité complexe, mais touchante. Je veillais à valoriser ce qu'elle faisait de positif et à lutter contre son penchant naturel à tout dramatiser. Elle avait étonnamment besoin d'être rassurée. Il fallait avoir de la patience pour l'écouter.

Je l'aidais aussi à se faire comprendre d'une de ses collègues avec qui les interactions pouvaient être difficiles car elle la trouvait trop compliquée. Travailler avec elle a été une expérience enrichissante, à la fois professionnellement et humainement.

J'ai bien fonctionné avec elle car j'avais un total libre arbitre dans la manière de manager mes équipes. Si l'on ne m'avait pas laissé cette liberté, cela n'aurait jamais pu fonctionner. »

Stimuler toutes les intelligences

Une clé de réussite avec les hauts potentiels, c'est de les exposer à des situations ou leur confier des missions qui développent leur côté rationnel, mais aussi leur créativité, leur intuition et leur intelligence relationnelle. La société les a généralement tellement poussés à développer leur cerveau gauche qu'ils en oublient le droit. Pourtant, c'est souvent celui qui s'avère le plus puissant.

Les encourager à exprimer leur créativité leur permet d'apporter pleinement leur valeur ajoutée.

Faciliter les interactions avec le reste de l'entreprise

Le manager à l'écoute de ses collaborateurs HP les mène au succès en les aidant à clarifier leur pensée pour qu'elle soit compréhensible par tous. Il peut aussi les accompagner dans le décryptage des jeux de pouvoir en vigueur dans l'entreprise pour les amener à accroître leur impact et faciliter leur progression dans l'organisation.

Enfin, il se rendra compte que leur volonté d'être toujours justes et précis provoque parfois des tensions, la forme de leur communication étant souvent négligée au détriment du fond. Il est alors utile de les aider à être authentiques sous une forme politiquement correcte et de nuancer leur tempérament excessif, à la fois dans un souci de cohésion sociale et de développement de leurs compétences relationnelles.

Donner un feed-back régulier et constructif

Il est essentiel que le manager mette sa susceptibilité de côté lorsqu'il a affaire à des hauts potentiels et qu'il ne prenne aucune remarque spontanée comme une attaque personnelle. Habitués à voir immédiatement les défauts ou axes d'améliorations des autres, dont ceux de leur manager, les hauts potentiels n'hésitent pas à lui donner des conseils pour mieux faire, pensant rendre service. En réalité, ils attaquent parfois, sans s'en rendre compte, la survie sociale de leur patron.

Déroutés par ces comportements inhabituels, certains managers se sentent remis en cause. Mieux vaut prendre de manière constructive toute remarque qui, à première vue, pourrait ressembler à une critique. C'est une manière efficace de nouer une relation privilégiée avec son collaborateur HP.

Témoignage de manager de HP – Anne, directrice de rédaction

« Je n'avais pas d'ego, j'étais une "maker". J'ai toujours pris positivement les remarques que mes équipes me faisaient, et particulièrement celles de ma collaboratrice à haut potentiel. Ce qui compte le plus pour moi, c'est que les choses avancent. Nous étions donc sur la même longueur d'onde. »

Si les hauts potentiels donnent facilement du feed-back, ils sont également prêts à en recevoir, quel qu'il soit. Contrairement aux idées reçues, ils accueillent avec facilité le retour « négatif », à partir du moment où il est donné dans une perspective de progression car ils savent qu'ils en tireront parti. Les compliments les mettent souvent mal à l'aise, mais il ne faut pas pour autant se priver de valoriser ce qu'ils font de bien. L'appréciation de leur manager sur leur travail les sécurise car celle-ci est généralement meilleure que la leur. Ils ont tendance à être extrêmement durs avec eux-mêmes, souvent plus qu'avec les autres.

L'effet miroir leur est indispensable car leur norme ne correspond pas à la norme. Leur expliquer l'impact qu'ils peuvent avoir sur les autres les aide à moduler leurs réactions. Le haut potentiel n'est pas toujours conscient de l'image qu'il renvoie, qui est souvent celle d'une personne brillante qui réussit sans faire beaucoup d'efforts, ce qui peut donner à ses interlocuteurs un sentiment d'infériorité. Lui, voit rarement les choses de cette manière-là. Non seulement il fait des efforts mais il s'estime toujours loin de la perfection et admire chez les autres les qualités qu'il n'a pas. Il se sent rarement supérieur.

Travailler avec un collaborateur à haut potentiel passe donc par des échanges fréquents, ouverts et constructifs dans lesquels l'humour peut avoir toute sa place pour faire passer les messages plus difficiles.

Fidéliser le haut potentiel, c'est accepter de le perdre

La meilleure politique de rétention des hauts potentiels, c'est celle de la porte ouverte. Un seul mode de collaboration fonctionne avec eux : celui où tout le monde gagne.

Enfermé dans un rôle trop étroit, le haut potentiel dépérit. Verrouillé juridiquement, il n'aura de cesse de trouver une fenêtre de sortie. Le seul moyen de le fidéliser, c'est de construire avec lui une relation de confiance et de lui fournir les moyens de se développer.

Si chercher en permanence des situations d'apprentissage auxquelles l'exposer est un défi pour le manager, c'est le seul moyen de pouvoir compter sur lui longtemps. Quand le terrain de jeu proposé ne lui suffit pas, il préfère partir plutôt que mourir d'ennui. Il restera loyal avec les managers qui se sont attachés à le faire grandir et en deviendra un ambassadeur.

Positionner le haut potentiel à sa juste place

Mettre les hauts potentiels à la bonne place dans un projet, une équipe ou une entreprise est une garantie de productivité et de performance. Cela implique de les placer au juste niveau, dans les fonctions où ils exercent leurs talents, et de leur confier des missions qui les stimulent. Les mettre en binôme avec quelqu'un de moins compétent, dans l'espoir qu'ils déteignent sur lui ou compensent ses insuffisances, s'avère contre-productif et les frustre énormément. Il est également inefficace de leur imposer des relations fréquentes avec des personnes au caractère diamétralement opposé ou au rythme très différent du leur.

Si les hauts potentiels savent s'adapter, il y a toutefois des limites à ce qu'il est raisonnable de leur demander. Leur rapidité de fonctionnement est une réalité à prendre en compte dans la composition d'une équipe.

Un écart type, ça va, trois écarts types, bonjour les dégâts

De la même manière qu'une personne très grande a des difficultés à s'habiller, Michael W. Ferguson démontre qu'il est impossible de bien faire fonctionner ensemble des individus dont l'écart de QI est supérieur à deux écarts types (1 écart type = 15 points)[1].

Ainsi, la population normale (QI moyen de 105) ne voudrait pas d'un manager ayant un QI supérieur à 135 (30 points d'écart). Quant à ce dernier, malgré son intelligence, il pourrait avoir du mal à manager un collaborateur avec un QI supérieur à 155 (20 points d'écarts).

1. Michael W. Ferguson, « The Inappropriately Excluded ». http://michaelwferguson.blogspot.com/p/the-inappropriately-excluded-by-michael.html

Ce raisonnement exclut les personnes à très haut potentiel intellectuel (0,135 % de la population) de la plupart des entreprises. N'est-il pas un peu extrême ? En développant leur intelligence émotionnelle, ces derniers peuvent toutefois avoir une chance de survivre en entreprise…

Témoignage HP – Solenn, consultante en recrutement

« Après une scolarité facile, j'ai intégré une école de commerce. Comme je m'y sentais mal, j'ai mené en parallèle des études de philosophie. J'étais passionnée par la philo et la salsa.

Mon dernier stage s'est effectué dans un univers qui ne me convenait pas. Je faisais du marketing opérationnel dans les camions. À la machine à café, les gens ne parlaient que de foot. Je n'ai rien contre le foot, mais ne parler que de cela limite les échanges. Je ne me sentais pas du tout à ma place dans cet environnement industriel. À la fin, mon manager m'a dit que je manquais de leadership et de compétences en matière de création de réseau.

Ce qui est surprenant, c'est que ce dont j'étais censée manquer s'est avéré par la suite être mes principaux talents. »

Savoir anticiper l'évolution des hauts potentiels dans l'entreprise est fondamental pour éviter de les perdre. Cela nécessite de s'adapter à leur rapidité d'apprentissage plutôt que d'appliquer des parcours de carrière rigides et beaucoup trop longs pour eux.

Témoignage HP – Annie, psychopraticienne, coach professionnelle, formatrice, conférencière

« Interdite d'études supérieures par mon père, qui jugeait que je n'étais pas assez intelligente pour que cela vaille la peine d'investir, j'ai atterri dans un job d'assistante commerciale. Je m'ennuyais à deux cents sous de l'heure. J'avais l'impression d'avoir un plafond au-dessus de ma tête, et une puissance en moi que je n'exploitais pas. J'arrivais le matin dans une entreprise où je ne me sentais pas à ma place. Celle où je me voyais bien, c'était celle du dirigeant.

Je faisais une grosse partie du travail de l'équipe commerciale : au début l'administratif, ensuite l'identification des clients, puis la prise de rendez-vous et parfois la vente. Le patron se reposait énormément sur moi. Quand je lui ai dit qu'il me faisait faire des choses qui ne relevaient pas de ma responsabilité, il m'a répondu qu'il agissait ainsi car il cernait mon potentiel et que la nouveauté me faisait plaisir.

S'il avait changé mon titre en ingénieur commercial, je me serais sentie un peu mieux. Mais cela aurait été insuffisant car je me sentais faite pour diriger.

J'ai quitté le monde de l'entreprise pour monter mon activité. Je suis devenue une dirigeante inspirée.»

Le rôle idéal pour le haut potentiel dans une organisation dépend de sa personnalité, de son expérience et des objectifs poursuivis par l'entreprise. Leurs caractéristiques communes donnent néanmoins des indications pour trouver les contextes dans lesquels ils seront capables de performer.

Les pistes qui suivent sont loin d'être exhaustives, du fait de sa multipotentialité.

Explorateurs, bâtisseurs et leaders naturels, ils génèrent des résultats hors normes dans leurs zones d'excellence : dans les contextes complexes et évolutifs, les fonctions qui impliquent de la réflexion et de l'action, les missions d'amélioration, d'organisation et dans les rôles liés à l'innovation. Ils excellent aussi dans les postes où la dimension relationnelle et le « *care* » (*i.e.* le fait de savoir prendre soin des autres) prédominent.

S'appuyer sur le haut potentiel pour générer des idées originales

Ceux dont la pensée créative est très développée sont des experts du *think out of the box*. Créer, transformer, innover leur permet de s'épanouir tout en se rendant utiles. Immergés dans des équipes pluridisciplinaires, ils savent tirer parti de la richesse des apports de chacun et rebondir dessus. Ils excellent dans le conseil, la direction de l'innovation, mais aussi dans tout ce qui touche à la stratégie d'entreprise. Ils sont aussi efficaces dans l'informatique et la programmation où leur manière non conventionnelle d'aborder les problématiques leur permet de mettre en place des solutions en un temps record.

À la fois ambitieux, sensibles aux besoins de leurs clients (internes ou externes) et proactifs, ils apportent, dans les contextes où améliorer en faisant différemment est nécessaire, une valeur ajoutée inégalée.

S'ils étaient des personnages de BD, ils pourraient ressembler aux Castors Juniors ou à Géo Trouvetou.

Valoriser ses qualités de simplification, d'organisation et d'optimisation

Les hauts potentiels dont le talent est la clarté de pensée ainsi que l'art de la synthèse et de la rationalisation apporteront de la valeur dans les rôles liés à l'amélioration des processus. Ils se retrouvent dans des métiers liés à la finance, à la logistique ou à la gestion de projets.

Témoignage HP – Jérémy, navigateur/radariste

« Un supérieur hiérarchique ouvert d'esprit m'a donné carte blanche pour faire évoluer des méthodes de travail vieilles de vingt-cinq ans, et en proposer de nouvelles. Certains collègues, réfractaires à la démarche, ne comprenaient pas pourquoi changer. D'après eux, rien ne restait à inventer.

Je suis parti du principe que ce n'est pas parce qu'on a "toujours fait comme ça" que c'était la meilleure méthode. Sans rien révolutionner, j'ai mis au point deux outils simples qui nous ont facilité la vie quotidienne et qui, finalement, ont été accueillis très positivement par l'ensemble des personnes concernées.

J'ai aussi côtoyé des supérieurs moins ouverts à la discussion. Ils pensaient détenir LA vérité. Dans ces contextes, j'ai gardé ma place et je n'ai jamais rien proposé. »

Parce qu'ils voient naturellement tout ce qui dysfonctionne, les solutions associées et les moyens d'optimiser les efforts de chacun, ils sont particulièrement performants dans le pilotage de projets complexes et la coordination d'équipes transverses. Pertinents lorsqu'ils interviennent dès le cadrage des projets, ils se séparent volontiers de ces derniers une fois qu'ils « tournent bien », à condition d'avoir en point de mire un challenge encore plus stimulant.

Ils excellent dans les opérations de fusions-acquisition, de pilotage de transformations, de recherche et développement... tous les projets qui combinent rigueur, stratégie et capacités d'innovation. Ils s'intéressent aussi aux fonctions qui font appel à de l'analyse, de l'optimisation et de la créativité : direction financière, audit, logistique, qualité et performance organisationnelle...

Pour eux, trouver et mettre en œuvre des solutions s'apparente à un jeu et génère une satisfaction proportionnelle aux difficultés rencontrées.

Si ces hauts potentiels étaient des personnages de légende, ce seraient probablement des magiciens ou des sorciers. Des personnages qui s'appuient sur leurs forces, celles des autres mais aussi sur beaucoup de travail, pour générer des résultats tellement exceptionnels qu'ils sont attribués dans l'imaginaire collectif à des pouvoirs magiques.

Placer les « stars » dans des fonctions où le relationnel est essentiel

L'empathie et le goût du haut potentiel pour les relations interpersonnelles, conjugués à sa volonté de réussir tout en prenant soin des autres le rendent excellent dans des fonctions variées. Ceux qui aiment être au plus près du business et sont dopés par les résultats de leurs actions sont performants dans les fonctions commerciales, surtout si leur rôle implique de proposer des solutions qu'ils construisent avec leurs clients.

Témoignage HP – Diane, directrice commerciale

« On pourrait penser qu'un poste commercial n'est pas stimulant intellectuellement pour un haut potentiel ; c'est faux. Cette fonction qui nécessite mobilité intellectuelle et physique, requiert une capacité d'écoute, d'intuition, un vrai talent relationnel et une grande culture générale. C'est le terrain idéal pour exercer ses talents comportementaux. »

Si ce haut potentiel à la fois créatif et doté d'un sens prononcé du business était un artiste, il pourrait ressembler à Madonna. Il ferait preuve de courage, serait capable d'apporter une réponse originale et séduisante pour ses interlocuteurs mais aussi de se réinventer en permanence.

Ceux à l'esprit critique développé, passionnés par les rapports humains mais aussi par l'accumulation de savoirs et le partage, s'épanouissent dans des rôles de communicants, de journalistes, d'éditeurs, d'analystes, de formateurs.

Si ce haut potentiel exigeant et débrouillard était un héros de BD, ce serait sans aucun doute Tintin.

Ceux qui sont attirés par le fait de prendre soin des autres excellent dans les fonctions liées aux ressources humaines à partir du moment où elles recouvrent une dimension stratégique : l'élaboration et la mise en œuvre de stratégies sociales, les recrutements complexes, le développement des compétences.

Témoignage HP – Solenn, consultante en recrutement

« Quand j'ai commencé mon métier de chasseuse de têtes, on m'a demandé d'arrêter de poser des questions qui sortaient toujours du cadre. Je m'habillais en gris, je portais les cheveux tirés en arrière, j'avais interdiction de dire le mot "culture" chez un client. Il fallait faire du chiffre, point barre.

Maintenant, j'ai compris que ce qui fait ma richesse dans mon métier, c'est de sortir du cadre. Je m'habille en couleurs, je recrute des candidats hors norme et des clients me contactent pour identifier des profils qui sauront accompagner leur changement de "culture" ! Avant, mon manager me demandait de chasser comme les autres. Il fallait de la bataille et du sang. Maintenant, je ne chasse plus, je cueille. Je suis moi-même et je fais encore plus de chiffre. Entre les deux histoires, il y a juste eu une prise de conscience. Ce qu'on m'a toujours reproché, que ce soit à l'école ou en entreprise, j'ai décidé un jour de le cultiver : j'ai compris que c'était ma plus grande force. »

Ils sont aussi pertinents dans le management d'équipes, fonction qui leur permet de combiner leur passion pour un métier avec le plaisir de faire grandir une équipe.

Si ces hauts potentiels généreux et efficaces étaient des personnalités inspirantes, ils ressembleraient au dalaï-lama. Transformer leur empathie en compassion leur permettrait d'agir pour le bénéfice d'autrui tout en se protégeant et de naviguer en entreprise sans finir par un *burn-out*.

La plupart des hauts potentiels ayant le goût du partage et du transfert de connaissances, une solution pour les alimenter peut aussi être de leur confier, en plus de leurs missions habituelles, un rôle de mentor, de coach ou de les mettre dans n'importe quelle autre posture pédagogique.

Témoignage manager de HP – Anne, directrice de rédaction

« J'ai perçu que ma collaboratrice aimait la pédagogie, et je lui ai confié, en plus de son rôle habituel, une mission de formation de l'ensemble de l'équipe. Elle partageait avec eux ses connaissances sur les domaines qu'elle maîtrisait parfaitement. Cela représentait beaucoup de travail, mais elle était ravie de le faire.

Moi aussi car cela a permis aux autres de monter rapidement en compétences. »

Pour certains, tous les chemins mèneront à la tête de l'entreprise

Combiner dans un même poste l'ensemble des difficultés précédemment citées est pour certains hauts potentiels une véritable nécessité. C'est l'unique moyen, pour eux, de ne pas s'ennuyer en entreprise. Ils n'y resteront que s'ils accèdent rapidement au sommet. Ce seront des dirigeants humbles, efficaces, stratégiques, qui assument leurs responsabilités. Ils ne pourront s'empêcher de faire preuve de beaucoup d'exigence.

Leur goût pour les challenges les rend particulièrement performants dans des contextes évolutifs et complexes. C'est dans ce type de rôles et de situations qu'ils font la différence et qu'on leur pardonne plus facilement qu'ailleurs leur perfectionnisme et leurs possibles maladresses en termes de communication.

Si ce haut potentiel était une divinité, ce serait le dieu hindou créateur et transformateur, Shiva.

Mettre le haut potentiel à la juste place, c'est aussi réussir à le faire accéder au niveau hiérarchique qui correspond à ses compétences dans un délai rapide. Matthieu Lassagne, coach de hauts potentiels et multipotentialistes, fait état de situations où, compte tenu de leur humilité parfois excessive et de leur rythme d'apprentissage supérieur à la norme, « les personnes à haut potentiel se retrouvent régulièrement positionnées à deux niveaux hiérarchiques en dessous de celui où elles devraient être, ce qui ne manque pas de provoquer des difficultés avec le N+1, voire des situations de harcèlement moral[1] ».

Créer un environnement de travail inclusif

La crise du management, qui alimente depuis longtemps les études et la créativité des dessinateurs, est la principale cause du divorce entre le haut potentiel et l'entreprise. Les plus désabusés se demanderont ce qui explique qu'au XXIe siècle,

1. Conférence « Les zèbres en entreprise » organisée par Eklore, Paris, juin 2019.

le principe de Dilbert[1] – qui dit que « les employés les plus incompétents sont systématiquement promus aux postes où ils se révèlent le moins dangereux : l'encadrement » – soit encore en vigueur dans certains environnements.

Pourtant, la plupart des managers font beaucoup d'efforts pour concilier au quotidien l'atteinte des objectifs de leur entreprise et les capacités et attentes de leurs équipes. Ils font preuve de courage pour privilégier parfois l'un au détriment de l'autre, dans une perspective de performance durable. Tout ce qu'ils mettent en œuvre pour créer un climat de travail propice à l'atteinte des objectifs peut cependant être réduit à néant par une organisation qui ne valorise pas les compétences managériales.

La résultante est que l'opinion des hauts potentiels sur le management correspond à une perte d'attrait globale de la fonction managériale pour tout le monde, y compris chez ceux qui l'exercent.

Source : Enquête Opinionway / Salon du management (2018).

1. Le principe de Dilbert est une version aggravée et humoristique du principe de Peter qui démontre en 1970 que, dans l'entreprise, « tout employé tend à s'élever à son niveau d'incompétence ».

Soumis aux mêmes contraintes qu'un sportif de haut niveau, le manager actuel se doit d'être efficace, endurant mais aussi de savoir faire face à des exigences de performances extrêmes avec des moyens parfois inadaptés. Certains obéissent et appliquent ce qui leur est demandé de faire sans se soucier des conséquences ni des résultats. D'autres « bricolent » pour réussir. Ils composent au mieux avec l'intelligence et les compétences de leurs équipes, mais aussi en optimisant les efforts de chacun pour tenir sur la durée. Ils planifient, organisent et réorganisent le travail en permanence pour parvenir à repousser, peu à peu, les limites du possible.

Manager, c'est être écartelé entre l'atteinte des objectifs et les rapports humains

Le manager est exposé en permanence à des injonctions paradoxales :

- *« Fais plus, mais avec moins. »*
- *« Fais preuve d'esprit collectif, mais sois le meilleur. »*
- *« Innove, mais respecte l'ordre établi. »*
- *« Sois audacieux, mais, surtout, ne te trompe pas. »*

S'il se soucie de trouver des solutions tout en préservant son équipe des demandes parfois insensées, le manager a de quoi passer des nuits blanches.

Le regard des hauts potentiels « non-managers » sur l'incohérence des pratiques est sévère. Les managers qui se contentent d'obéir sans réfléchir ne trouveront jamais grâce à leurs yeux.

Lorsqu'ils deviennent eux-mêmes managers, ils s'appliquent le même niveau d'exigence que celui qu'ils imposent à leur patron. Cela peut les amener à refuser de prendre des responsabilités managériales dans les environnements qui ne leur laissent pas la possibilité d'exercer cette fonction correctement.

Fidéliser les hauts potentiels passe aussi par le fait d'encourager l'existence d'un vrai leadership et la montée en puissance de personnes qui s'engagent et exercent un réel pouvoir de décision et d'action. *Exit* les bons soldats prêts à tout y compris à détruire leurs équipes pour se faire bien voir de leur hiérarchie ; place au manager leader responsabilisé et responsabilisant.

Si les acteurs du numérique ont fait du développement des compétences managériales une priorité, une partie des entreprises traditionnelles, convaincues du lien entre création de valeur financière et humaine, s'attachent aussi à transformer en profondeur les comportements managériaux. Confrontées à des contextes de marchés qui nécessitent d'agir autrement pour rester compétitives, elles installent la qualité du leadership comme un moyen non seulement d'améliorer les résultats, mais aussi de réduire la souffrance au travail.

Ludovic Poutrain, leader RH monde de Kiabi, société membre du réseau EVH, précise que le déclencheur de la démarche de transformation de l'enseigne a été la conjonction entre un rêve partagé, celui de « créer une organisation qui inspire, attire et rend chaque individu meilleur » et de la souffrance : « Nous voulions passer un cap, gagner en puissance, éliminer la perte de sens, la vitalité de l'entreprise qui était remise en cause et toutes les zones de tensions qui étaient devenues insupportables. »

Laisser les managers jouer pleinement leur rôle

Pour exercer correctement sa fonction, le manager a besoin que l'entreprise crée un cadre qui lui permette de le faire.

Autoriser les managers à distinguer l'urgent de l'important

La gestion intelligente et agile du temps rassure une équipe et la mène sur la route du succès par les optimisations qu'elle permet. C'est particulièrement vrai pour le manager de hauts potentiels dopés à l'efficacité. La pression sur les résultats à court terme est parfois tellement forte qu'il lui est nécessaire de temporiser en distinguant l'urgent de l'important afin de négocier des solutions intelligentes. Il doit aussi dégager du temps disponible face à de réelles urgences. Les hauts potentiels apprécieront qu'il interrompe tout pour les aider à gérer un problème sérieux.

Enfin, face à des projets d'envergure, prendre le temps d'associer toutes les parties prenantes à leur préparation permet d'en optimiser l'exécution et de faire gagner à tous un temps précieux.

Permettre aux managers de sortir du cadre

Les règles de l'entreprise sont indispensables au manager pour orienter correctement ses actions. Elles rassurent, permettent d'agir en cohérence avec les autres et d'avancer sans tout réinventer. Le cadre fixé peut cependant se retrouver inadapté à la gestion de situations hors normes. Piloter des hauts potentiels en fait partie. Il est alors essentiel de laisser les managers faire preuve d'intelligence de situation et l'aménager en conséquence.

Oser valoriser les meilleurs managers

Comme tout métier, le management d'équipe requiert des talents spécifiques. Si l'entreprise sait valoriser des expertises pointues – souvent reconnues par des diplômes qui la rassurent –, pourquoi est-ce si difficile de reconnaître et de récompenser les personnes qui font preuve d'un vrai talent managérial ?

Quand ces managers ont affaire à des hauts potentiels, leur mérite devrait être doublement reconnu.

Repérer et miser sur les leaders humbles

Piloter des personnalités rapides et exigeantes nécessite de l'humilité. C'est fondamental pour générer avec elles un travail d'équipe optimal et des performances élevées.

Les personnes humbles, conscientes de leurs faiblesses et désireuses de s'améliorer, apprécient les forces des autres et se concentrent sur des objectifs qui dépassent leurs propres intérêts. Hélas, elles ne sont pas toujours faciles à identifier ni jugées à leur juste valeur, laissant croire que ce sont leurs équipes qui font tout le travail. Les personnalités habituées à tirer la couverture à elles, reines du marketing personnel, progressent souvent mieux dans les organisations.

Pour une entreprise, repérer et mettre en lumière les leaders humbles est un défi à relever pour améliorer la rétention des talents.

Un leader authentique, ses équipes d'abord

Vineet Nayar incarne l'humilité. Cet ex-dirigeant du groupe indien de services informatiques HCLT partage[1] *le chemin qui l'a amené à faire figurer cette société parmi les cinq entreprises émergentes les plus influentes, selon* Business Week, *et à obtenir le label de « Meilleur employeur ».*

À son arrivée, la croissance de l'entreprise était plus lente que celle des concurrents directs. Elle perdait des parts de marché et baissait en notoriété. Ses salariés les plus doués partaient travailler ailleurs. Son analyse de la situation a établi que la zone de création de valeur ne se trouvait plus dans les produits, mais dans la manière dont les technologies étaient combinées ainsi que dans l'interface avec le client final.

Or c'étaient les détenteurs du pouvoir hiérarchique qui étaient tout-puissants, contrairement aux véritables créateurs de valeur pour le client. Pour créer de l'innovation au bon niveau, il fallait donc inverser la pyramide. La base devenait le sommet : les employés d'abord, les clients ensuite.

Les managers et dirigeants ont dû créer rapidement les conditions pour que chaque salarié donne le meilleur de lui-même et permette à l'entreprise de se redévelopper.

1. Conférence donnée à Paris en novembre 2018 par Vineet Nayar, auteur d'*Employees first,* Harvard Business Review Press, 2010.

Valoriser les managers justes et cohérents

Le manager que respectent les hauts potentiels a conscience de ses responsabilités de meneur d'équipe et les assume. Il s'interroge sur la manière de se comporter avec ses collaborateurs et s'efforce d'avoir des comportements équitables dans chacun de ses actes. Il explique ses décisions et responsabilise les autres.

Il manage avant tout par la confiance.

Témoignage HP – Sarah, assistante administrative polyvalente

« Mon entreprise grossit très vite et prend un grand nombre de nouveaux contrats. J'ai l'impression d'être partout à la fois et donc nulle part, de jeter de la poudre aux yeux des clients. D'être dans les feuilles d'un arbre, mais pas dans le tronc. J'en ai parlé à ma chef qui s'est remise en question. Elle m'a dit qu'elle avait besoin de moi, que les clients étaient très satisfaits de mon travail, que ce que je faisais était important pour eux et a proposé de me soulager d'une partie de mes contrats, pour que je puisse rentrer davantage dans mes dossiers. Je me suis sentie prise en considération.

Quand quelque chose ne va pas, je sais qu'en discutant, les solutions se construisent. Ce qui ne fonctionne pas est toujours temporaire. »

Soutenir les managers qui encouragent l'apprentissage

Exposer régulièrement ses hauts potentiels à de nouveaux apprentissages est capital pour les conserver. Cela implique d'accepter les erreurs et de leur donner explicitement la règle du jeu.

En donnant à ses équipes l'occasion d'essayer de nouvelles choses sans peur d'échouer, le manager crée les conditions de la performance.

La clé du succès : accepter la singularité

Les managers qui respectent les collaborateurs au fonctionnement cérébral différent du leur et savent en tirer parti ont rarement des soucis de légitimité vis-à-vis des hauts potentiels. Ils jouent pleinement leur rôle de chef d'orchestre des talents qui leur ont été confiés.

Témoignage HP – Pascal, consultant

« J'ai travaillé dans un environnement professionnel qui plébiscitait la conformité. Il fallait faire ce qui était prévu de faire, reproduire uniquement ce qui avait déjà été fait. C'était exotique pour moi.

Cependant, cette entreprise n'était pas en vase clos. Elle évoluait dans un environnement entouré de "non-conformes" qui transgressaient les usages et les lois. Démunie par rapport à cette situation, elle m'a embauché pour que je m'en occupe. C'était un formidable terrain de jeu, mais quand je discutais avec les autres, j'avais le sentiment d'être en expatriation.

Dans ma nouvelle entreprise où mon manager fait en sorte que chacun soit accepté tel qu'il est, je me sens comme à la maison. »

Tirer parti de la diversité cognitive, c'est constituer un collectif de profils qui jouent de leur complémentarité pour générer une performance optimale. Plus une entreprise est diversifiée, plus les interactions entre les différents types de personnalités bénéficient à tout le monde. Elle répond mieux aux besoins de son marché car ses équipes reflètent le monde dans lequel elle évolue.

L'excellence managériale implique de s'adapter à ses collaborateurs – et non le contraire – pour que chacun apporte au collectif le maximum de ce qu'il peut donner. Tout en posant des limites pour rester efficace.

Témoignage HP – Charlotte, Managing Director

« J'ai travaillé avec une présidente hors du commun. Elle fascinait immédiatement tout le monde. La plupart de nos échanges étaient des conseils pour me ménager. Elle m'alertait des dangers de dédier toute son énergie au travail et m'encourageait à profiter de tout ce que j'aimais. J'adorais travailler avec elle. J'apprenais tous les jours et je sentais qu'elle me faisait confiance. Je n'avais pas peur de faire des erreurs, je me sentais en sécurité. Elle me laissait avancer librement.

Ceux qui collaboraient avec elle étaient prêts à tout pour l'aider à réussir. Elle savait fonctionner avec tout le monde en s'adaptant aux singularités. Son management provoquait un profond et total engagement. Sensible, elle ne cachait pas ses fragilités. Elle était puissante, à la fois sûre d'elle et capable de douter. Elle savait où elle voulait aller et ne se détournait de sa route que lorsque les raisons pour le faire étaient valables.

Elle avait aussi des défauts, certains qui pourraient sembler rédhibitoires pour exercer le poste où elle était, mais sa capacité à bien s'entourer et à fonctionner avec des personnes meilleures qu'elle sur les dimensions qu'elle n'avait pas les compensaient largement. »

Portées par des hauts potentiels, des initiatives se mettent en place en entreprise pour développer la coopération entre des profils différents et aider à accueillir la diversité intellectuelle. En 2016, deux salariés d'Airbus, Christian Charlier et Céline Tovar, lancent un réseau social sur le thème des HPI. Ouvert aux 140 000 employés, accessible à tous, sans qu'il soit nécessaire de préciser son niveau de QI, *My Gifted Network* a pour ambition de créer une communauté de travail diversifiée, capable d'interagir avec bienveillance et de générer l'innovation. Il compte aujourd'hui 800 adhérents.

Plus récemment, une initiative de même nature a été lancée dans l'administration avec la création du site « HPI fonction publique » gratuit et indépendant. Il donne aux managers des grilles de lecture pour prédétecter ce type de collaborateurs et mieux fonctionner avec.

Ces actions sont utiles car elles ont le mérite de faire connaître les spécificités de personnes dont le décalage cognitif peut devenir, dans certains contextes, un « handicap invisible ». Cependant, elles soulignent avant tout ce qui devrait être une évidence : le talent, quel qu'il soit, devient un atout pour l'entreprise et pour l'intéressé seulement à partir du moment où les deux parties l'acceptent et l'utilisent à bon escient. N'est-ce pas ce qui pourrait être l'objectif de tous aujourd'hui ? Tout le monde aurait tant à y gagner.

Charlotte dix ans après : la révolution managériale, une science-fiction ?

Barcelone, octobre 2024.

« **7 h 00** - J'ai bien dormi. Yoga quotidien pour accueillir la belle journée qui s'annonce.

7 h 15 - Petit déjeuner sur la terrasse. Je lis sur ma tablette la nouvelle presse B2B. L'information est claire, accessible, triée, décryptée.

8 h 15 - Trajet à vélo jusqu'aux bureaux de Poble Nou. Nous sommes installés dans un nouveau quartier avec tous les acteurs qui accompagnent la transformation managériale. Plutôt que concurrents, nous sommes complémentaires. Nous travaillons en partenaires, chacun avec son positionnement. Il y a tant de demandes que nous avons du mal à répondre à toutes. Une plate-forme digitale mutualisée dispatche les missions et gère les processus jusqu'aux encaissements.

8 h 45 - Fin du trajet à pied, sur la plage. Le lever du soleil est magnifique.

9 h 00 - Arrivée avec les équipes qui viennent au bureau aujourd'hui. Dix nationalités. Autant de femmes que d'hommes, de seniors que de millennials. La moitié des effectifs en télétravail. Un tiers de développeurs, en France ou à Pondichéry. Nous avons créé une école là-bas. Je prends un café avec mes équipes pour échanger sur l'avancement des projets.

9 h 30 - Rendez-vous avec la fondatrice d'une start-up. Excellente discussion, à poursuivre.

11 h 00 - Skype call avec le PDG de l'entité française. Tout tourne. À fond. Nous validons la stratégie pour accélérer les recrutements. Nos équipes sont excellentes, mais certains partent au bout de deux ans pour monter leur structure. Nous en sommes fiers, nous créons des entrepreneurs. Le nerf de la guerre est d'attirer en permanence de nouveaux talents pour faire face à la croissance.

12 h 00 - Entretien de recrutement. Excellent profil de Data Scientist. Offre faite. Cela va marcher. Nous avons de quoi l'alimenter pour deux ans.

14 h 00 - Déjeuner au bord de la mer avec un prospect. 150 Top managers à former. Tous des millennials. Un gros budget, récurrent. Le deal se fait. Maintenant, il faut délivrer.

15 h 30 - Comex flash, un kick-off. La présentation est synthétique, je me retiens de pointer l'erreur qui m'écorche l'œil. Elle n'impacte pas le raisonnement global. Go !

16 h 00 - Mon meilleur manager arrive. Il a besoin d'échanger. Il a déjà la réponse à toutes ses questions.

17 h 00 - Discussion avec notre actionnaire majoritaire sur une pépite que je « drague » depuis des mois. Les fondateurs semblent partants pour rejoindre l'aventure. C'est génial ! Notre chiffre d'affaires croît de 50 à 70 % par an, la moitié en organique, l'autre grâce aux acquisitions. L'EBITDA suit. Cela se fait sans efforts, car tout le monde y met du sien et le fait avec joie.

18 h 00 - Je dois partir. J'ai promis à ma fille de venir fêter la sortie de son premier roman. Elle vient d'avoir 18 ans et fait partie des meilleures joueuses de volleyball de son âge. Sa sœur est une championne d'intelligence artificielle et de gymnastique acrobatique.

20 h 00 - La fête bat son plein. Nos amis nous rejoignent. Catalans, Français et plein d'autres nationalités.

00 h 00 - Il est temps de rentrer. Nous nous levons tôt demain.

Déjà vendredi. Je n'ai pas vu passer la semaine. Ce week-end, nous partons à Cabrera pour plonger. Une équipe de huit dirigeants à certifier.

Cela dure depuis trois ans. J'aimerais que cela ne s'arrête jamais. »

Bientôt tous sous-doués ?

Après une progression continue de l'intelligence humaine, celle-ci commencerait à régresser.

À la suite d'un accroissement de 3 à 7 points par décennie des scores de tests de QI aux États-Unis et dans quatorze pays développés, mis en évidence par le chercheur néo-zélandais James Flynn, une étude[1] menée par Richard Lynn et Edward Dutton en 2015 montre que le QI moyen des générations nées après 1975 dans les pays occidentaux est en baisse. Ainsi, il aurait diminué en France de près de 4 points entre 1999 (WAIS III) et 2009 (WAIS IV).

1. James Flynn, « A negative Flynn Effect in France, 1999 to 2008–9 », *Intelligence*, n° 51, 2015, p. 67-70. https://www.researchgate.net/publication/277726115_A_negative_Flynn_Effect_in_France_1999_to_2008-9

Indices de QI, écarts types (E.T.) et QI totaux entre la WAIS III (1999) et la WAIS IV (2008) en France

Indices de QI	WAIS III (E.T.) (1999)	WAIS IV (E.T.) (2008)	Déclin du QI
Compréhension verbale	95,1 (13,9)	99,1 (14,9)	4,0
Raisonnement perceptif	98,9 (16,4)	102,0 (16,0)	3,1
Mémoire de travail	100,7 (14,8)	100,7 (13,2)	0
Vitesse de traitement	99,2 (18,6)	99,9 (17,1)	0,7
Indice d'aptitude générale	96,0 (13,7)	99,9 (14,9)	3,9
QI total	97,3 (14,9)	101,1 (14,7)	3,8

Chacun explique ce phénomène par ses hypothèses : la présence de perturbateurs endocriniens et de produits chimiques dans la nourriture modifierait la maturation du cerveau des nouveau-nés, l'addiction aux écrans détruirait les capacités de concentration, l'environnement culturel créé par la société de consommation serait moins favorable au développement cognitif, les méthodes d'éducation, par leur rigidité, limiteraient l'apprentissage, l'immigration aurait une influence…

Pourquoi ne pas aussi imaginer que cela pourrait traduire les conséquences des cultures et organisation d'entreprises qui, en brisant l'initiative, restreignent l'expression de l'intelligence ? Sans compter la nocivité avérée sur le cerveau de certains modes de management…

Quel avenir pour les hommes dont l'intelligence est en sommeil ?

Le film Matrix[1]*, au-delà de ses effets spéciaux qui ont été plébicités à sa sortie, véhicule également un message philosophique.*

Un programme informatique autoreproductible provoque une catastrophe mondiale. Les machines dominent une grande partie de la terre en maintenant les humains dans un système rigide qui leur donne une illusion de réalité. Plongés dans un état de sommeil profond, ils se retrouvent exploités comme une source d'énergie et esclaves d'une organisation protégée par des agents qui prennent la forme d'hommes d'affaires blancs,

1. *Matrix*, trilogie cinématographique des frères Wachowski parue sur les écrans en 1999.

en cravate, témoignant d'une aversion profonde pour l'être humain. Seule une poignée d'individus ont choisi de combattre l'illusion pour accéder au réel et espérer ainsi arrêter les dégâts.

Matrix *questionne le destin de l'Humanité. Est-elle vouée à servir pour toujours des machines ou des systèmes ? Est-elle capable de vivre sans le poids excessif d'une hiérarchie et sans les rapports de domination que celle-ci peut engendrer ?*

La situation n'est cependant pas désespérée, les neurosciences ayant établi la plasticité du cerveau, il est certain qu'en l'utilisant et en l'entraînant régulièrement chacun pourrait développer des capacités hors normes dans sa zone d'excellence.

En fin de compte, l'intelligence chute probablement lorsqu'on ne s'en sert pas. Qu'attendons-nous pour réagir et mettre en œuvre les solutions en entreprise qui éviteront de nous rendre collectivement sous-doués ?

En bref

Les hauts potentiels challengent les pratiques managériales. Conscients de la valeur ajoutée du management, ils le sont aussi du pouvoir de nuisance du responsable hiérarchique mal à l'aise dans sa fonction ou qui manque de marge de manœuvre pour accompagner correctement ses équipes dans l'atteinte des objectifs fixés par l'entreprise. Marqués par les leaders d'exception dont ils ont croisé la route, ils s'accommodent mal de pratiques défaillantes. Ils attendent de leur responsable une aide pour exprimer pleinement leur potentiel et en faire bénéficier l'entreprise.

Le manager a tout intérêt à s'inscrire en complémentarité des superperformants, à adopter une posture de coach, de conseil, parfois de garde-fou, tout en jouant un vrai rôle de leader qui fédère, rassemble et fait grandir ses équipes. Cela nécessite que l'entreprise lui laisse suffisamment de liberté pour exercer cette responsabilité. Et qu'elle facilite son travail en accordant de la valeur au développement des compétences managériales.

En synthèse, rien de solide ne se construit avec des hauts potentiels sans prendre en compte ni respecter la singularité de tous les êtres humains.

Chapitre 6

PORTER UN AUTRE REGARD SUR LE MANAGEMENT DES HAUTS POTENTIELS

« Il faut encore avoir du chaos en soi pour pouvoir enfanter une étoile qui danse. »

FRIEDRICH NIETZSCHE

Pour trouver la solution à un problème complexe, il est souvent utile de sortir du cadre.

Comprendre le fonctionnement des hauts potentiels peut sembler plus facile, en s'appuyant sur les enseignements d'œuvres célèbres. Celles qui suivent présentent, dans différents environnements, des situations semblables à celles que subissent les hauts potentiels tout au long de leur vie, personnelle comme professionnelle. Pas toujours gais, ces moments de vie ont néanmoins le mérite d'être une formidable source d'inspiration et de créativité pour la personne qui les traverse.

Une société plus inclusive à l'égard des personnalités hors normes à l'origine de ces succès planétaires nous aurait privés d'*Harry Potter*, de *Star Wars*, des nombreuses autofictions d'Amélie Nothomb et de probablement bien d'autres œuvres mémorables.

Décoder l'attitude des hauts potentiels millennials, avec *Harry Potter*

La saga *Harry Potter*, traduite en 62 langues et vendue à plus de 460 millions d'exemplaires, est, à double titre, l'histoire d'un haut potentiel.

Les huit tomes d'*Harry Potter*, un parcours du combattant

Son auteur, la britannique Joanne K. Rowling, enfant discrète et créative, écrit à six ans, elle, son premier roman. Sensible, la découverte de la sclérose en plaques de sa mère alors qu'elle entrait dans l'adolescence l'a profondément marquée. Munie d'un diplôme littéraire, elle commence à travailler dans des secteurs où l'on prend soin des autres : d'abord l'humanitaire (Amnesty International), puis l'enseignement, où elle bénéficie d'horaires de travail flexibles et d'une certaine liberté.

Sa vie bascule après le décès de sa mère. Elle entre alors dans une phase de résilience et de créativité qui « explose » dans une gare, face à quatre heures d'ennui. Bloquée du fait du retard de son train, elle crée Harry Potter.

Ce personnage, petit garçon maigre à lunettes, porte comme initiales HP, les mêmes que celles de *High Potential.*

Longtemps, il a ignoré qu'il était magicien. Il souffre aussi de l'absence de parents disparus. Il est mal à l'aise dans le monde normé des Moldus. Sa vie change lorsqu'il prend conscience de ses talents et travaille à les maîtriser et à les développer, entouré de mentors bienveillants. Il réussit alors, en les combinant avec ceux des autres, à surmonter tous les obstacles.

Quant à Joanne K. Rowling, si la suite est connue, elle ne s'est pas construite sans efforts. L'écriture du premier tome d'*Harry Potter* s'est faite dans des conditions difficiles et a pris plusieurs années. Après l'avoir fini, elle a essuyé de nombreux refus d'agents littéraires comme d'éditeurs. Ces personnes, qui ont dû, depuis, se mordre les doigts de ne pas avoir été capables de déceler le talent, ou d'oser prendre le risque de publier un manuscrit qui n'entrait pas dans les « cases » habituelles.

Celui qui lui a fait confiance ne l'a pas regretté. Il avait quand même de bonnes notions de marketing puisqu'il l'a poussée à adopter un second prénom et à mettre uniquement ses initiales, pour cacher le fait qu'elle était une femme. Il craignait de perdre la moitié de sa cible : les garçons !

J.K. Rowling accorde aujourd'hui peu d'interviews et vit simplement, à la campagne.

Poudlard, l'école des millennials surdoués

Chaque élève de Poudlard représente une typologie d'enfant ou d'adolescent surdoué. Leur histoire est celle d'une survie dans une société qui a du mal à les accepter, celle aussi de la découverte de leurs talents et de l'apprentissage nécessaire pour les apprivoiser. Enfin, c'est celle de leur lutte intérieure et du regard qu'ils portent sur un monde qui ne leur convient pas et qu'ils voudraient améliorer.

Hermione Granger incarne l'élève qui se doit d'être parfaite pour trouver la juste place dans un monde où les filles intelligentes partent avec un handicap. Elle passe son temps à lire et à travailler. En tête de classe, elle adopte le comportement d'une élève modèle, respecte les règles et s'adapte pour ne pas avoir d'histoires. Tout cela la frustre, évidemment, mais elle ne le montre pas. Dotée d'un esprit logique et structuré, elle brille moins dans les activités physiques, qui lui demandent plus d'efforts. Cela engendre des moqueries. Certains prennent plaisir à lui faire remarquer ses points faibles, tant leur jalousie est forte. Étiquetée « mademoiselle je sais tout », elle peine à se faire des amis en dehors des garçons, plus pragmatiques et complémentaires.

Ron Weasley réussit moyennement à l'école. Ses frères, turbulents, créent sans arrêt des problèmes. Lui préfère faire profil bas au risque de passer pour un idiot. Pourtant, il réussit incroyablement bien aux échecs, mieux que tout le monde. Il sait aussi faire preuve de leadership quand la situation l'exige.

Quant à Harry Potter, il démontre des talents exceptionnels au quidditch, le jeu le plus valorisé à l'école. Dès son premier essai, tout le monde est impressionné. Bon élève, sans être brillant, il ne travaille que les matières qui l'intéressent. Faisant fi des règles lorsqu'il les trouve inadaptées ou injustes, il s'attire parfois des ennuis. Révolté contre l'injustice, il ne supporte pas non plus la destruction et mène, tout au long de la saga, un combat contre le « Mal absolu » incarné par lord Voldemort, le surdoué atteint d'une pathologie qui ne se guérit pas. Il existe aussi des personnages « tordus » chez les surdoués, qui s'avèrent parfois très dangereux car, quand ils le sont, ce n'est évidemment pas à moitié...

Après une compétition acharnée, Harry finit par en venir à bout.

Cela prendra plusieurs années et huit livres, pour assurer le plaisir des lecteurs et l'avenir financier de toutes les parties prenantes.

Décrypter comment un système devient tyrannique avec *Star Wars*

Passionné par les courses automobiles, George Lucas passe son permis à 16 ans et rêve de devenir pilote professionnel. Un accident grave lui fait abandonner cette voie et rebondir sur le cinéma.

Hollywood, un monde où il faut s'adapter aux KPI du business

Pour démarrer, il casse les codes avec un court métrage de science-fiction réalisé avec les « moyens du bord » pour lequel il remporte le prix du National Student Film Festival de New York. Cela lui vaut d'être remarqué par Francis Ford Coppola.

Alors que son ambition était de faire du cinéma expérimental et de l'emmener là où il n'était jamais encore allé, immergé dans le système hollywoodien, il ne tarde pas à mettre ses talents de visionnaire au service du business. Au moment de la production du premier *Star Wars*, il renonce à certains avantages financiers pour pouvoir toucher à la place l'intégralité des revenus générés par la vente de produits dérivés. Sa société de production le lui accorde, n'en voyant pas l'intérêt. Cette décision a fait de lui l'un des hommes les plus riches de la planète.

Pionnier, il crée un *business model* largement exploité depuis par Hollywood : celui de la saga. En cas de succès, elle assure une récurrence des revenus et un retour sur investissement maximal. Sachant tirer parti de la diversité, il implique son épouse dans le montage de *Star Wars*, dans lequel son rôle aurait été déterminant et serait allé bien au-delà du montage, pour lequel Marcia Lucas a obtenu un Oscar.

Enfin, George Lucas permet au cinéma une révolution technologique à travers sa société de production, Lucas Film, qui invente le montage virtuel sur PC et transforme l'industrie des effets spéciaux.

L'artiste, obsédé durant sa jeunesse par le cinéma expérimental et la simplification des outils pour réussir à fabriquer un film avec le minimum de moyens possible, finit par s'adapter et à investir des fortunes dans ses propres productions pour devenir le réalisateur, scénariste et producteur américain que tout le monde connaît.

Il consacre néanmoins une partie de sa fortune à l'art et à l'éducation.

Les dérives liées à la course à la toute-puissance

L'histoire de *Star Wars* qui se déroule « il y a bien longtemps, dans une galaxie lointaine, très lointaine » n'en fait pas un monde totalement séparé du nôtre.

L'Empire, qui domine la galaxie, est dirigé par un tyran dominateur, qui asservit ces « sujets ». Son règne débute dès la chute de la République galactique, que les Jedis n'auront de cesse de rétablir. Cet individu, l'ex-sénateur Palpatine, autoproclamé empereur, obsédé par l'accroissement de sa puissance pour dominer l'univers, ôte aux individus toute personnalité. Niant leur singularité, il en fait des soldats qui ont perdu tout sens critique et sont prêts à tout, y compris à la destruction de l'Humanité, pour servir ses ambitions.

Il n'intervient jamais directement, préférant confier le « sale boulot » à Anakin Skywalker, le Jedi dont il a pompé l'énergie et qu'il a converti en « pantin ». Ainsi est né le personnage de Dark Vador, qui incarne le côté sombre que chacun possède au fond de soi et fascine tous les amoureux de *Star Wars*.

Ce western galactique – qui évoque par sa violence à la fois le IIIe Reich et la guerre du Viêtnam – montre aussi le fragile équilibre des institutions démocratiques qui peuvent à tout moment être broyées. Or, quand la démocratie chancèle, la peur donne tout pouvoir aux tyrans.

Quant aux Jedis, ces héros « lumineux » de *Star Wars*, ils évoquent des hauts potentiels en quête du subtil équilibre entre le Bien et le Mal. Une fois qu'ils apprennent à manier la « Force » – ce champ d'énergie qui donne des pouvoirs aux individus qui y sont sensibles –, ces personnages hors du commun prennent la tête de la Résistance et entraînent leurs compatriotes courageux avec eux.

Le haut potentiel a aussi ses limites. L'histoire d'Anakin Skywalker en témoigne. Perdu par sa difficulté à contrôler ses émotions, il tombe sous l'emprise d'un tyran et perd son libre-arbitre. Sa métamorphose se matérialise par le masque noir qui remplace son visage, sa voix inhumaine et sa bruyante respiration liée aux efforts qu'il doit faire pour s'adapter à un environnement toxique. Il ne sera délivré de cette emprise que tardivement.

Comprendre les relations toxiques avec Amélie Nothomb

Amélie Nothomb, auteur prolifique, ne se cache pas d'avoir été une enfant précoce.

Son premier roman autobiographique, *Métaphysique des tubes*, nous fait découvrir une enfant brillante et décalée qui, dès l'âge de 2 ans, porte un drôle de regard sur le monde. Ayant pris conscience très tôt de ce qu'elle appelle « ses pouvoirs », elle s'aperçoit que les cacher est souvent préférable pour éviter d'effrayer son entourage. Auteur à 17 ans, elle connaît un succès fulgurant à 25 et tient, depuis, un rythme soutenu d'écriture. Cela est révélateur de sa créativité et peut-être aussi d'un tempérament d'*insecure overachiever*.

Ses héros, tous des hauts potentiels ?

Ses héros et héroïnes semblent construits à son image. Leur puissance et leur justesse tiennent sans doute au fait que, quelle que soit la forme qu'ils revêtent (contes, autobiographies ou autofictions), ils retracent tous des expériences proches de celles vécues par leur auteur. Ses écrits traduisent aussi le fonctionnement cérébral d'un haut potentiel : un humour particulier, un ton en rupture et des propos qui sortent régulièrement du politiquement correct.

Ses romans, un combat contre les manipulateurs ?

Amélie Nothomb brosse dans toutes ses œuvres le portrait de personnages manipulateurs et pervers. Elle décortique leurs comportements face à leurs victimes avec finesse et précision. Fascinants de laideur, ces individus apparaissent sous des formes et rôles variés. Dans *Les Prénoms épicènes*, il s'agit de l'amant éconduit qui ne décolère pas et sévit ensuite en tant que mari. Dans les précédents romans, ils tiennent le rôle de la mère *(Frappe-toi le cœur)*, de l'homme d'affaires *(Stupeur et tremblements, Cosmétique de l'ennemi)*, de l'amie adolescente *(Antecrista)*, de la brillante universitaire *(Frappe-toi le cœur)* ainsi que du répugnant auteur de prix Nobel, rongé par un cancer des cartilages *(Hygiène de l'assassin)*, roman qui l'a rendue célèbre… Toujours, ils sont décrits en train de tisser leur toile autour de leur proie.

Pourquoi cette omniprésence de ces personnages ? Est-ce une manière de décoder les attitudes perverses pour aider le lecteur à les identifier et s'en protéger ? Est-ce l'exploitation artistique d'une thématique si nocive qu'il convient de la sublimer ? Traduit-elle un combat contre un démon intérieur ou un processus de résilience infini ?

Ou, tout simplement, est-ce une revanche sur ces tristes individus qui font hélas partie de la réalité et qui se croisent dans la vie personnelle, comme dans l'entreprise ?

Malgré leurs crimes, ils restent souvent longtemps en liberté.

L'entreprise hyper normée, une organisation inhumaine ?

Stupeur et tremblements retrace le stage d'Amélie Nothomb dans une entreprise nipponne et dépeint les individus qu'elle y a côtoyés. On y retrouve l'ambitieuse responsable hiérarchique, le cadre supérieur bienveillant qui compose avec les injustices générées par l'organisation, l'homme incompétent qui se réfugie derrière les règles pour asseoir sa légitimité, le patron colérique qui renforce son pouvoir en humiliant ses collaborateurs.

Enfin, on y suit la narratrice qui subit de plein fouet l'avalanche de conséquences qu'engendre cet environnement hyper hiérarchique et normé. Jeune stagiaire, elle survit aux humiliations répétées de responsables tyranniques ainsi qu'à l'obligation d'accepter des missions qui se situent à des années-lumière de ses capacités, expérimentant avant l'heure les *bullshit jobs*. Elle subit aussi nombre de discriminations contre la femme étrangère et différente qu'elle représente.

Malgré l'humour qui colore l'intégralité du récit, ce dernier témoigne de sa souffrance et des dégâts psychologiques associés. Il est aussi la preuve d'une grande capacité de résilience.

Ce harcèlement moral – pratique loin d'être cantonnée aux entreprises nippones des années 1980 – a-t-il provoqué son éloignement définitif de tout ce qui ressemble à une entreprise ? Peut-être qu'avec plus de chance dans ses débuts professionnels, Amélie Nothomb aurait pris rapidement la présidence de Nissan. Sous son leadership, l'activité du constructeur automobile japonais se serait tellement développée qu'il aurait fini par racheter Renault et cela aurait évité à Carlos Ghosn son séjour en prison. Cependant, il n'y a aucun regret à avoir. Amélie Nothomb exprime certainement mieux ses talents dans la voie qu'elle a choisie.

En bref

J.K. Rowling, George Lucas, Amélie Nothomb : trois personnalités hors normes, trois parcours bien différents et, pourtant, bien des similitudes dont ce fabuleux besoin de créer pour partager leur vision du monde.

Des personnalités qui ont choisi très tôt de ne jamais être managées. Des personnalités également dotées d'une grande capacité à surmonter les épreuves rencontrées. C'est probablement ce qui leur a permis d'exprimer pleinement leurs talents et de trouver leur chemin vers le succès.

Conclusion

TRANSFORMER LES COMPORTEMENTS MANAGÉRIAUX POUR TOUS

Et si le haut potentiel était un être humain – presque – comme les autres ?

Un « animal social », au caractère issu de son patrimoine génétique et forgé par son histoire. Avec des forces et des fragilités, une cohérence interne et des contradictions, des rêves et des doutes…

Un être humain qui ressent avec plus d'acuité, qui comprend et évalue plus rapidement, qui subit et souffre plus aussi. Un peu, beaucoup, extrêmement. Toujours trop pour ceux qui le jalousent, ne le comprennent pas ou le plaignent.

Un être humain qui peut également montrer la voie aux autres parce qu'il vit tout beaucoup plus tôt et plus intensément. Son caractère entier ne lui permet pas de tolérer longtemps ce qui ne tourne pas rond.

Finalement, rien ne ressemble plus à un haut potentiel en entreprise que tout autre être humain. L'environnement de travail qui lui est bénéfique est en réalité souhaitable pour tout le monde.

Au-delà d'un certain niveau d'intelligence, sauf à souffrir de troubles de l'ego ou de la personnalité, une évidence s'impose : il est impossible de diriger efficacement sur le long terme une entreprise sans prendre en compte les besoins de la globalité des personnes qui la composent. Il est dangereux pour sa pérennité de cautionner des comportements managériaux toxiques. Même s'ils génèrent de la performance immédiate. Une organisation a intérêt à mettre en œuvre les conditions pour que tous ses potentiels interagissent efficacement ensemble le plus longtemps possible.

À quoi ressemblerait-elle si elle n'avait que des hauts potentiels ?

Les journées auraient un rythme infernal avec des collaborateurs qui ne dormiraient que cinq à six heures par nuit et amèneraient au bureau leurs montagnes russes émotionnelles. Il faudrait trier en permanence des millions d'idées pour éliminer les saugrenues. Il y aurait des débats sans fin car chacun aurait toujours raison et personne ne s'écouterait. La plupart de ses activités auraient été détruites et reconstruites mille fois. Parfois, exactement comme elles étaient avant, car, en fait, cela fonctionnait plutôt pas mal…

S'il n'existe que 2,3 % de hauts potentiels sur terre, ce n'est probablement pas un hasard. Leur utilité pour comprendre, analyser, décrypter, définir des plans de route et agir sur ce qu'il faut transformer est indiscutable. Les entourer de personnes qui fonctionnent différemment est tout aussi essentiel. Plus posées, plus calmes, qui prennent le temps de réfléchir.

Des personnes qui savent mettre la juste distance avec ce qui les entoure et gérer leurs émotions. Qui peuvent aussi faire preuve de grandes compétences relationnelles.

Des personnes qui vont, certes, moins vite, mais parfois beaucoup plus loin. Qui ne voient pas toujours tous les risques, ce qui leur donne la chance d'avancer sereinement. Qui ont parfois du mal à prendre des décisions tant elles accordent de l'importance à ne blesser personne, mais possèdent un tempérament positif qui contrebalance la « brutalité » du haut potentiel.

Des personnes qui montrent un engagement profond et durable lorsqu'elles contribuent à un projet qui a du sens dans un cadre leur laissant l'autonomie et la liberté suffisantes pour révéler leurs talents.

Enfin, l'entreprise a aussi besoin de managers courageux, qui aiment les défis. Des managers capables de s'investir pour amener les collaborateurs les plus performants à se passer d'eux et fiers de réaliser qu'ils deviennent autonomes et les quittent. De vrais managers auxquels elle doit offrir une vraie liberté d'action.

Tout est une question d'équilibre entre les hauts potentiels et les potentiels, l'hyper performance et la performance, le long terme et le court terme. Chacun peut devenir très performant à condition d'être placé dans sa zone d'excellence et d'avoir le temps suffisant pour développer ses talents.

Tout est aussi une question d'équilibre entre les KPI financiers et les KPI sociaux. Si les premiers sont essentiels pour le développement d'une entreprise, les seconds, lorsqu'ils se dégradent, sont une précieuse alerte d'une utilisation trop intensive ou inappropriée de son capital humain.

Le principal challenge du dirigeant du XXIe siècle est de créer les conditions pour que ses équipes travaillent efficacement ensemble et avancent dans la même direction.

Nombreux sont les individus qui, pour préserver leurs acquis, empêchent les organisations d'évoluer dans un sens qui permet à tous de « grandir ». Plus nombreux encore sont ceux qui rejettent les systèmes narcissiques et destructeurs. Ces systèmes terriblement nocifs lorsqu'ils deviennent le théâtre d'ego excessifs et de jeux de pouvoir au détriment de l'accomplissement de la mission pour laquelle l'entreprise a été créée.

Si chacun apportait ses talents à une organisation uniquement lorsqu'elle s'avère capable d'en tirer intelligemment parti, ce qui semble aujourd'hui impossible pourrait devenir possible : le bon sens pourrait reprendre les commandes.

Qu'attendons-nous pour transformer les pratiques obsolètes et construire des entreprises qui prospèrent en produisant de la performance durable ?

« Avant de songer à réformer le monde,
À faire des révolutions,
À méditer sur de nouvelles constitutions,
À établir un ordre nouveau,
Descendez d'abord dans votre cœur,
Faites-y régner l'ordre, l'harmonie, la paix,
Ensuite, seulement,
Cherchez autour de vous des âmes qui vous ressemblent,
Et passez à l'action. »

PLATON, *LA RÉPUBLIQUE*

Plus qu'une révolution managériale, c'est une profonde évolution des pratiques qui doit se mettre en marche.

Les dix commandements du manager de hauts potentiels

1. *Humble et ambitieux, tu seras.*
2. *Dans la complémentarité, tu te positionneras.*
3. *À la juste place dans ton équipe, tu le mettras.*
4. *Des challenges et un cadre, tu lui donneras (mais tu le laisseras en sortir quand il le faudra).*
5. *Ses objectifs, il les fixera.*
6. *De l'autonomie et de la confiance, tu lui laisseras.*
7. *De l'écoute et du feed-back, tu lui proposeras.*
8. *À travailler en équipe, tu lui apprendras.*
9. *Des encouragements réguliers, tu lui feras.*
10. *Jamais au sérieux, tu ne te prendras.*

Et cela fonctionnera (avec tout le monde, d'ailleurs, tu verras !)

LES HAUTS POTENTIELS, LEVIERS DE RÉUSSITES COLLECTIVES

Dans les coulisses des missions spatiales

Entretien avec Jan Wörner, directeur général de l'Agence spatiale européenne (ESA[1]), Jean-Max Puech, DRH de l'ESA, et Frank De Winne, spationaute et directeur du Centre européen des astronautes (EAC[2]).

Proxima, Principia, Iriss, Futura, Blue Dot, Volare... 922 jours et six sorties dans l'espace, plusieurs centaines d'expériences scientifiques réalisées à bord de la Station spatiale internationale (ISS). Des années de préparation pour les personnes impliquées.

Derrière ces missions : Thomas Pesquet, Tim Peake, Andreas Mogensen, Samantha Cristoforetti, Alexander Gerst, Luca Parmitano – les six astronautes sélectionnés parmi près de 9 000 candidats, en 2009 – mais aussi une équipe mobilisée aux côtés de ces personnalités hors normes pour repousser les frontières du possible. Avec une préoccupation commune : réussir.

Comment définissez-vous le haut potentiel ? En avez-vous croisé beaucoup durant votre carrière ?

J.W. : C'est une personne qui, face à une responsabilité, va non seulement accomplir ce qui est attendu, mais également aller spontanément au-delà. J'ai croisé beaucoup de collaborateurs capables de bien réaliser leur mission, mais seulement une poignée de hauts potentiels.

1. *European Spatial Agency* : l'Agence spatiale européenne est l'organisation qui a pour mission de développer la coopération entre 22 états européens dans les domaines de la recherche et de la technologie spatiales et de leurs applications.
2. *European Astronaut Centre* : le centre européen des astronautes est le centre d'entraînement du corps des astronautes de l'ESA. Il emploie une centaine de personnes et est situé à Cologne.

F. De W. : Les hauts potentiels ont un regard ouvert sur le monde, ils s'intéressent à tout. Au travail, ils ne sont pas limités par un métier car ils sont capables de se transformer continuellement.

En quoi le mode de management est-il un enjeu déterminant dans leur réussite ?

J.W. : Ces personnes peuvent devenir des *high performers*. C'est le devoir d'une organisation et de son équipe dirigeante de les identifier et d'en tirer le meilleur en leur confiant des responsabilités adéquates, en cohérence avec leur personnalité. Aider ces talents à s'exprimer tout en préservant l'esprit d'équipe est un équilibre à trouver, qui s'obtient en leur laissant beaucoup de liberté et en leur témoignant de la confiance, sans jamais les limiter.

Comment se repèrent les hauts potentiels ?

J.-M. P. : Leur manière d'interagir avec les autres est particulière. Leaders naturels, ils comprennent les situations avec finesse, analysent, anticipent et entraînent le reste des collaborateurs. Certains possèdent des talents techniques ou scientifiques, d'autres relationnels et managériaux. L'enjeu pour une organisation est de les emmener vers des challenges qui leur permettent d'évoluer progressivement, pour qu'ils parviennent toujours à apporter la contribution attendue.

Comment développez-vous les hauts potentiels ?

J.-M. P. : Nous n'avons pas de parcours spécifique mais les encourageons à postuler pour prendre des fonctions dans lesquelles ils n'oseraient pas se projeter spontanément. Cela leur donne l'occasion de se dépasser et de progresser.

Les astronautes sont-ils nécessairement des hauts potentiels ? Y-a-t-il des précautions à prendre avec eux ?

J.W. : Les européens passent par un processus de sélection qui mobilise des compétences techniques, scientifiques, physiques et relationnelles dans un environnement culturel diversifié. Tour à tour coéquipiers, leaders ou membres d'une équipe, ils font preuve de capacités d'adaptation et de communication hors normes, soit plusieurs des caractéristiques du haut potentiel.

F. De W. : C'est un potentiel exceptionnel qui est recherché lors de la sélection des astronautes. Si tous le possèdent, certains le développeront dans plusieurs dimensions, d'autres non. Cela implique beaucoup de motivation et de travail.

J.-M. P. : Les astronautes présentent des compétences rares en termes de résistance physique, de stabilité psychologique et de gestion du stress. Il est parfois nécessaire de les protéger de la surexposition médiatique liée à leurs missions. Quand cela s'arrête, ce peut être difficile.

Quels sont les challenges du manager d'une équipe où les collaborateurs à haut potentiel sont la norme ? Que vous apportent les interactions avec eux ?

F. De W. : Mon défi principal, c'est de gérer leurs attentes au quotidien et de donner à chacun des opportunités de vol. Ils excellent dans leur travail et ont des ambitions légitimes. La difficulté, pour moi, c'est qu'il n'est pas toujours possible pour l'organisation de suivre. J'ai pris le parti d'être clair, sincère, ouvert avec eux et de les soutenir. Ils sont intelligents, ont conscience des efforts faits et acceptent les limites.

Je prends beaucoup de plaisir à travailler avec eux. Ils m'impressionnent particulièrement dans la manière dont ils mettent l'ESA en avant lorsqu'ils communiquent autour de leurs missions. Ce sont de précieux ambassadeurs.

Quelle place pour les femmes à haut potentiel dans les équipes d'astronautes ? Les hommes iraient-ils sur Mars et les femmes seulement sur Vénus ?

J.W. : Je me suis toujours demandé pourquoi il y a si peu de femmes astronautes... Sans doute parce qu'avant de postuler, elles ont besoin d'être sûres de posséder l'intégralité des qualités demandées. Un homme se pose moins de questions et répond à une annonce quand l'intitulé du poste lui convient. Dommage car, comme toute organisation, l'ESA a besoin de femmes pour bien fonctionner.

REMERCIEMENTS

Écrire ce livre a été une belle aventure dans laquelle je me suis lancée bien entourée.

Je remercie pour leurs témoignages Alain, Alienor, Anne, Annie, Aurélien, Bénédicte, Brigitte, Bruno, Charlotte, Clémence, Diane, Élisa, Félicie, Jacques, Jeanne, Jérémy, Laurent, Lionel, Marc, Moncef, Olivier, Pascal, Philippe, Sarah, Solenn, Soline, Teresa, Thierry et Yann et, pour leur expertise, leur réseau et leur feed-back, Jérôme Armbruster, Damien Barthe, Charles-Henri Besseyre des Horts, Lionel Bonnet, Sébastien Chelin, Thierry Cheze, Pierre Chicha, Laurent Choain, Laurence Cosson, Sophie Courault, Anne-Bénédicte Damon, Thomas Delalande, Marylène Delbourg-Delphis, Ai-Loan Dupuis, Jacqueline Guessard, Isabelle Hilali, Isabelle Lange, Sophie Lavaur, Ivan Maltcheff, Sylvie Philippe, Gilles-Noël Poirieux, Ludovic Poutrain, Laura Sebaoun, Anne Thomas, Solenn Thomas, Colette Tostinvint, Marion Trousselard, Nathalie Vallier et Carin Villemot.

Un grand merci aux équipes de l'Agence spatiale européenne pour leur contribution et en particulier à Frank De Winne, Jean-Max Puech, Philippe Willekens et Jan Wörner.

Merci à Guillaume Bertrand des éditions Eyrolles pour sa confiance. Et à son équipe, Alice Caillaud, Sandrine Escobar, Constance Grelet et David Lerozier pour leur investissement sur ce projet.

Ce livre est dédié à toutes mes équipes, avec lesquelles j'ai pris tant de plaisir à travailler, et aux managers bienveillants qui m'ont accompagnée : Annemiek, Laurent, Marianne et Sandra.

Il est aussi dédié à Clément, Frédéric et Nicolas.

C'est un clin d'œil à Amélie Nothomb, que je remercie pour sa discrète mais efficace contribution.

Pour finir, merci à ma famille, à Calypso, Olivier et Tessa pour leur précieux soutien.

BIBLIOGRAPHIE

Les incontournables

Sur l'intelligence, les hauts potentiels, le cerveau

GARDNER Howard, *Les Intelligences multiples*, Retz, 2008.

GAUVRIT Nicolas, *Les Surdoués ordinaires*, PUF, 2017.

GOLEMAN Daniel, *L'Intelligence émotionnelle*, J'ai Lu, 2014.

TINOCO Carlos, *Intelligents, trop intelligents. Les « surdoués » : de l'autre côté du miroir*, Le Livre de Poche, 2015.

WAHL Gabriel, *Les Adultes surdoués*, PUF, coll. « Que sais-je ? » 2017.

Sur le management

LALOUX Frédéric, *Reinventing Organizations, vers des communautés de travail inspirées*, Diateino, 2014.

LECERF-THOMAS Bernadette, *Activer les talents avec les neurosciences*, Pearson, 2015.

PÉPIN Charles, *Les Vertus de l'échec*, Allary Editions, 2016.

WATZLAWICK Paul, *Comment réussir à échouer*, Le Seuil, coll. « Points », 1986.

Mais aussi

Sur l'intelligence, les hauts potentiels, le cerveau

ADDA Arielle et BRUNEL Thierry, *Adultes sensibles et doués, trouver sa place au travail et s'épanouir*, Odile Jacob, 2015.

Bost Cécile, *Adulte surdoué : s'intégrer et s'épanouir dans le monde du travail*, Vuibert, 2016.

Damon Anne-Bénédicte, *Je suis surdoué ? Mais j'ai rien demandé !!*, Lulu.com, 2017

Harari Yuval Noah, *Sapiens, une brève histoire de l'humanité*, Albin Michel, 2015.

Grand Claire, *Échanges autour du haut potentiel*, L'Harmattan, 2017.

Nusbaum Fanny, Revol Olivier et Sappey-Marinier Dominique, *Les philo-cognitifs*, Odile Jacob, 2018.

Sur le management

Autissier David, Johnson Kevin et Moutout Jean-Michel, *L'Innovation managériale*, Eyrolles, 2018.

Bellenger Lionel et Tramond Philippe, *Comment manager demain*, ESF Éditeur, 2014.

Chavanne Paul-Marie et Truong Olivier, *La Bienveillance en entreprise, utopie ou réalité ?* Eyrolles, 2017.

Dalsgaard Matias, *Don't Despair*, PineTribe, 2014.

Delbourg-Delphis Marylène, *Tout le monde veut aimer son travail*, Diateino, 2018.

Funès Julia (de) et Bouzou Nicolas, *La Comédie (in)humaine*, L'Observatoire, 2018.

Graeber David, *Bullshit Jobs*, Les liens qui libèrent, 2018.

Isaacson Walter, *Steve Jobs, The Exclusive Biography*, JC Lattès, 2011.

Lehan Harragan Betty, *Games your mother never taught you, corporate games man ship for women*, Warner Books, 1977.

Nayar Vineet, *Les employés d'abord, les clients ensuite*, Diateino, 2018.

Peter Laurence J. et Hull Raymond, *Le Principe de Peter*, Éditions de l'Homme, 2014.

Études

Sur le cerveau et l'intelligence

A brief history of IQ tests - http://www.academia.edu/2551586/A_Brief_History_of_IQ_Tests

Antonakis John, House R.J., Simonton D.K., « Can super smart leaders suffer from too much of a good thing ? The curvilinear effect of intelligence on perceived leadership behavior », *Journal of Applied Psychology*, vol. 102, n° 7, 2017, p. 1003-1021.

Boake Corwin, « From the Binet-Simon to the Wechsler-Bellevue : Tracing the History of intelligence Testing », *Journal of clinical and experimental neuropsychology*, vol 24, n°3, 2002, p. 383-405.

Clayden Jonathan D., Jentschke Sebastian, Muñoz Mónica, Cooper Janine M., Chadwick Martin J., Banks Tina, Clark Chris A., Vargha-Khadem Faraneh, « Normative Development of White Matter Tracts: Similarities and Differences in Relation to Age, Gender, and Intelligence », *Cerebral Cortex*, vol. 22, n° 8, août 2012, p. 1738-1747. https://doi.org/10.1093/cercor/bhr243

Duncan John, Seitz Rüdiger J., Kolodny Jonathan, Bor Daniel, Herzog Hans, Ahmed Ayesha et New Fiona N., « A Neural Basis for General Intelligence », *Science*, vol. 289, n° 5478, juillet 2000, p. 457-460. https://doi.org/10.1126/science.289.5478.457.

Elsevier Science, « Contribution de la neuropsychologie développementale à l'étude des sujets HP » : https://www.sciencedirect.com/science/article/abs/pii/S0033298404000421

Haier Richard J. *et al.*, « Individual differences in general intelligence correlate with brain function during nonreasoning tasks », *Elsevier Science, Intelligence*, volume 31, n° 5, septembre–octobre 2003, p. 429-441.

Jung Rex E. et Haier Richard J. , « The Parieto-Frontal Integration Theory (P-FIT) of intelligence: Converging neuroimaging evidence », *Behavioral and Brain Sciences*, vol. 30, n° 2, avril 2007, p. 135-154. https://doi.org/10.1017/S0140525X07001185

LEE Kun Ho, CHOI Yu Yong, CHO Sun Hee, LEE Seungheun et KIM Kyungjin, « Neural correlates of superior intelligence: Stronger recruitment of posterior parietal cortex », NeuroImage, vol. 29, n° 2, janvier 2006, p. 578-586. https://doi.org/10.1016/j.neuroimage.2005.07.036.

LI Yonghui, LIU Yong, LI Jun, QIN Wen, LI Kuncheng, YU Chunshui et JIANG Tianzi, « Brain Anatomical Network and Intelligence », PLOS Computational Biology, mai 2009. https://doi.org/10.1371/journal.pcbi.1000395

NAVAS-SÁNCHEZ Francisco J., ALEMÁN-GÓMEZ Yasser, SÁNCHEZ-GONZALEZ Javier, GUZMÁN-DE-VILLORIA Juan A., FRANCO Carolina, ROBLES Olalla, ARANGO Celso, DESCO Manuel, « White matter microstructure correlates of mathematical giftedness and intelligence quotient », *Human Brain Mapping*, vol. 35, n° 6, septembre 2013, p. 2619-2631. https://doi.org/10.1002/hbm.22355

NUSBAUM Fanny, HANNOUN Salem, KOCEVAR Gabriel, STAMILE Claudio, FOURNERET Pierre, REVOL Olivier et SAPPEY-MARINIER Dominique, « Hemispheric Differences in White Matter Microstructure between Two Profiles of Children with High Intelligence Quotient vs. Controls: A Tract-Based Spatial Statistics Study », *Frontiers in Neuroscience*, n° 11, 2017. https://doi.org/10.3389/fnins.2017.00173

SHAW P., GREENSTEIN D., LERCH J., CLASEN L., LENROOT R. , GOGTAY N. et GIEDD J., « Intellectual ability and cortical development in children and adolescents », *Nature*, n° 440, 2006, p. 676679.

SIAUD-FACCHIN Jeanne, « Quand l'intelligence élevée fragilise la construction de l'identité : comment grandit-on quand on est surdoué ? » *Développements*, n° 6, 2010, p. 35-42.

SONG Ming, ZHOU Yuan, LI Jun, LIU Yong, TIAN Lixia, YU Chunshui, JIANG Tianzi, « Brain spontaneous functional connectivity and intelligence », *NeuroImage*, vol. 41, n° 3, 2008, p. 1168-1176.
https://doi.org/10.1016/j.neuroimage.2008.02.036

Sur le management

Étude DARES (novembre 2016) sur les conditions de travail, la santé au travail et l'exposition aux risques psychosociaux – https://dares.travail-emploi.gouv.fr/IMG/pdf/synthese._stat_chiffres_cles_cond_travail.pdf

Corten Frans, Nauta Noks, Ronner Sieuwke, « Highly intelligent and gifted employees: key to innovation ? », Academic paper International HRD Conference 2006, Amsterdam. http://www.grouperandstad.fr/wp-content/uploads/2019/04/randstad-cp-sens-travail-vf.pdf

Étude Mac-Kinsey et Egon Zehnder, *Return on Leadership*, « Competencies that generate growth » (2012), https://www.egonzehnder.com/insight/competencies-that-generate-growth-return-on-leadership

Articles et autres ressources

Choain Laurent, « Comment tirer parti des surperformants angoissés », Harvard Business Review - https://www.hbrfrance.fr/chroniques-experts/2018/04/19777-insecure-overachievers-tirer-meilleur-de-performants-angoisses/

Les écarts de QI : http://michaelwferguson.blogspot.com/p/the-inappropriately-excluded-by-michael.html

Edwards Scott P., « The Dana Foundation - The Amygdala: the body alarm circuit », http://www.dana.org/Publications/Brainwork/Details.aspx?id=43615

Eklore : https://eklore.fr/fr/

Étude Gallup 2018, *Challenges* – https://www.challenges.fr/entreprise/vie-de-bureau/bien-etre-au-travail-pourquoi-les-salaries-francais-sont-parmi-les-plus-desengages-d-europe_595166

EVH : https://www.reseau-evh.com/

Faber Emmanuel, « Faber face aux étudiants d'HEC », https://www.youtube.com/watch?v=x4rj4MfNkys

HPI Fonction publique : https://www.hpi-fonction-publique.fr/

LeDoux Lab : http://www.cns.nyu.edu/ledoux/

My gifted network : https://www.linkedin.com/pulse/my-gifted-network-adultes-%C3%A0-haut-potentiel-dans-airbus-charlier/

Projet Aristote : https://rework.withgoogle.com/blog/five-keys-to-a-successful-google-team/

Singer Tania, « Prendre soin de soi, prendre soin des autres », https://www.emergences.org/system/rich/rich_files/rich_files/000/000/060/original/cr-23sept2011.pdf

Stough Con, « The Conversation », http://theconversation.com/intelligent-vraiment-une-breve-histoire-des-tests-de-qi-49518

www.douance.org

TABLE DES ENCADRÉS

INDEX

V

W

Z

Merci d'avoir choisi ce livre Eyrolles. Nous espérons que sa lecture vous a été utile et vous aidera pour mener à bien vos projets.

Nous serions ravis de rester en contact avec vous et de pouvoir vous proposer d'autres idées de livres à découvrir, des nouveautés, des conseils ou des événements avec nos auteurs.

Intéressé(e) ? Inscrivez-vous à notre lettre d'information.

Pour cela, rendez-vous à l'adresse **go.eyrolles.com/newsletter** ou flashez ce QR code (votre adresse électronique sera à l'usage unique des éditions Eyrolles pour vous envoyer les informations demandées) :

Vous êtes présent(e) sur les réseaux sociaux ? Rejoignez-nous pour suivre d'encore plus près nos actualités :

 Eyrolles Business et Eyrolles Web Dev et Web Design

 Eyrolles Business

 Eyrolles Business

Merci pour votre confiance.

L'équipe Eyrolles

Dépôt légal : Septembre 2019
Imprimé en Allemagne par BoD

www.ingramcontent.com/pod-product-compliance
Ingram Content Group UK Ltd.
Pitfield, Milton Keynes, MK11 3LW, UK
UKHW021043220726
13924UKWH00006B/2241